Ruptura
e
Reparação

O desenvolvimento de um processo terapêutico com Terapia EMDR

Esly Regina Souza de Carvalho, Ph.D.

TraumaClinic Edições

TraumaClinic Edições
2017

Ruptura e Reparação: *O desenvolvimento de um processo terapêutico com Terapia EMDR*
Série: *Estratégias Clínicas na Psicoterapia,* volume 4

ISBN – 13: 978-1-941727-55-3

Layout: Marcella Fialho
Capa: Claudio Ferreira da Silva

SEPS 705/905 Ed. Santa Cruz sala 441
70.390-055 Brasília, DF Brasil
www.traumaclinicedicoes.com.br
vendas@traumaclinicedicoes.com.br
61 3443 8447

Um agradecimento especial a "Armando" que nos deixou contar sua história.

Dedicatória

Ao **Vô Jerônymo**, meu avô português que nasceu em 1892. Quando eu tinha quinze anos ele me ensinou a datilografar sem olhar para o teclado. Por essa razão, tenho anotações precisas dos meus pacientes... e lembranças maravilhosas de bolsos cheios de bombons *Sonho de Valsa*.

Índice

Para conhecer mais o material da TraumaClinic Edições visite nosso site: www.traumaclinicedicoes.com.br

Para receber mais notícias e aviso de promoções do nosso material, inscreva-se aqui: http://bit.ly/2wEzW2j

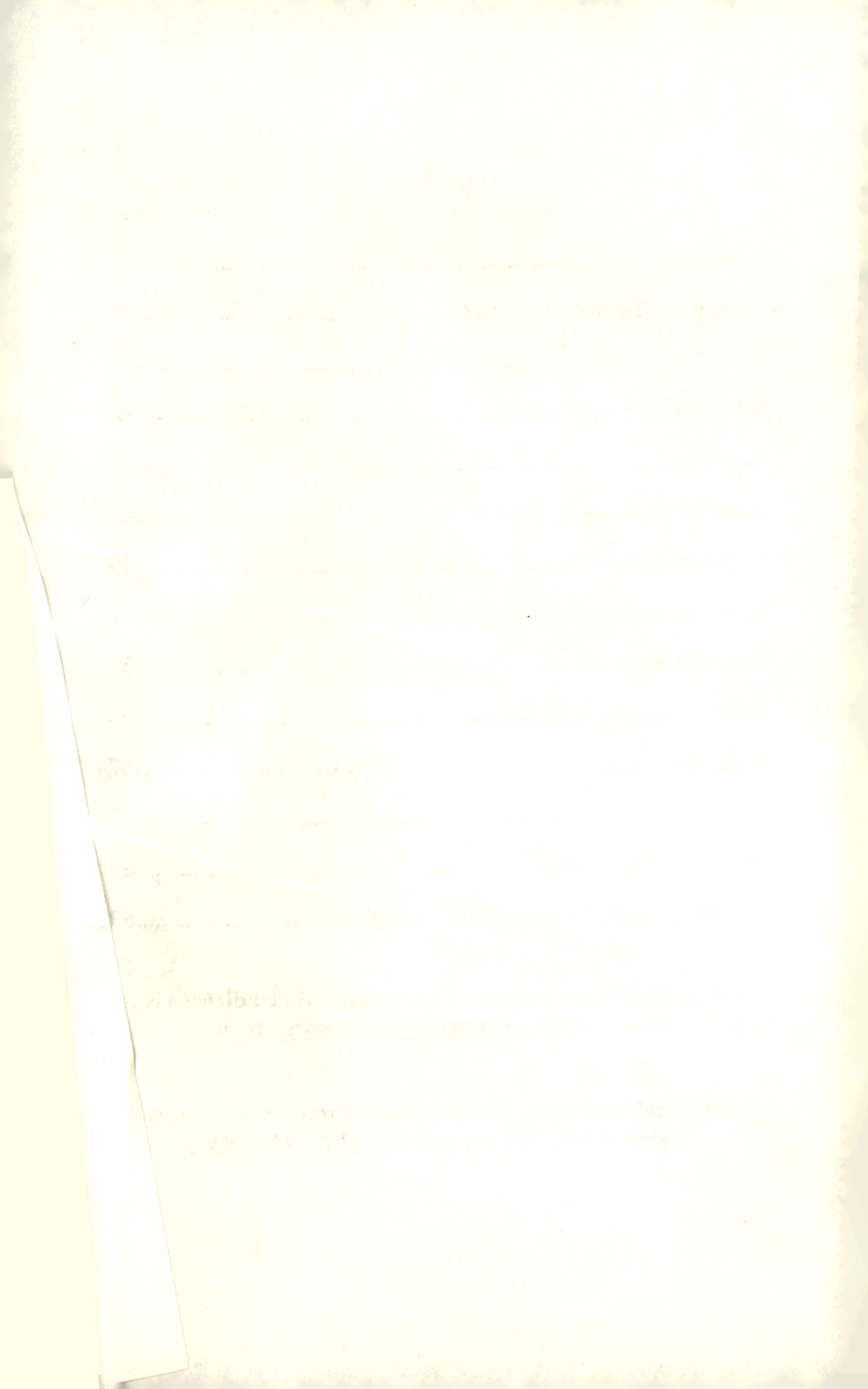

Apresentação

Muitas pessoas têm curiosidade de saber como funciona o processo psicoterapêutico. Algumas são profissionais da área de saúde que estão envolvidas de forma direta ou indireta com o atendimento de uma população que as procura em função de uma queixa emocional: ansiedade, depressão, fobias e medos, traumas, etc. Mesmo que se tenha aprendido conteúdos importantes na faculdade e nos cursos de especialização nem sempre foi possível aprender o dia a dia do processo psicoterapêutico.

Pessoas sem formação profissional também têm interesse; às vezes devido a mais pura curiosidade; outras vezes, porque pensam em se submeter à psicoterapia, mas têm certo receio de entrar em uma experiência desconhecida.

Este livro vai levar o leitor do começo ao fim de um tratamento psicoterapêutico com terapia EMDR. Vamos tomar a história e acompanhar o passo-a-passo, sessão por sessão, de um tratamento completo. Nosso cliente, Armando (não é seu nome real), autorizou a publicação de forma que outras pessoas possam se beneficiar da sua experiência. Poderão acompanhar os diferentes momentos dos seis "R's" do processo terapêutico: *Revisão, Ruptura, Reprocessamento, Reparação, Reconciliação e Resolução*. Para finalizar, temos uma entrevista com Armando, vários anos depois do término da sua terapia.

A terapia EMDR é conhecida não somente por ser uma terapia com resultados concretos, comprovados cientificamente, mas também por sua forma focada de trabalhar com alvos claros e mensuráveis. Como diz meu amigo, Santiago Jácome, do Equador, *"não se faz mais terapia como antigamente"*. Com essa revolução na terapia, uma verdadeira mudança no paradigma terapêutico, podemos focalizar questões específicas que afligem o paciente, e, ao aplicar as oito fases da Terapia EMDR, podemos ver pouco a pouco, de forma até acelerada a resolução das lembranças difíceis que antes travavam a conduta do paciente.

Além do mais, não é preciso que o paciente fale extensamente sobre suas situações traumáticas, o que alivia muito as pessoas que têm vergonha (ou terror) de falar sobre o que lhes aconteceu. Neste sentido, a Terapia EMDR protege muito a intimidade do paciente.

Outra mudança interessante que tem ocorrido na minha prática clínica é que cada vez mais a população masculina recorre a esse tipo de terapia. É uma terapia mais lógica, linear e que não exige que necessariamente se compartilhe sentimentos com a terapeuta. Muitos homens têm se sentido mais à vontade de entrar em uma terapia que tem um começo, meio e fim. Aliás, um amigo meu me disse certa vez, *"Eu não acredito em psicólogo, mas eu encaminho as pessoas para você porque eu vejo que a terapia acaba, e acaba bem."*

Por isso resolvemos compartilhar este processo com os leitores. Agradecemos a Armando que nos permitiu contar sua história. Temos a esperança que este compartilhamento também possa levar você da ruptura à reparação.

O Que é a Terapia EMDR?[1]

A terapia EMDR – **E**ye **M**ovement **D**esensitization and **R**eprocessing, pelas suas siglas em inglês, (*Dessensibilização e Reprocessamento pelos Movimentos Oculares*) foi descoberta pela Dra. Francine Shapiro, em 1987, nos Estados Unidos. De lá para cá, mais de cem mil terapeutas foram capacitados mundialmente na abordagem que hoje representa uma mudança de paradigma na psicoterapia. Só no Brasil há quase dois mil terapeutas formados.[2]

Entendendo que traumas e lembranças dolorosas são armazenados de forma mal adaptativa no cérebro, a terapia EMDR é capaz de reprocessar os medos, fobias, terrores e ansiedades vinculadas às lembranças difíceis que mantém suas vítimas presas aos fantasmas do passado por meio da integração da informação que se encontra dissociada entre os dois hemisférios cerebrais. De forma acelerada e adaptativa, a terapia EMDR "imita" de certa maneira o que acontece com as pessoas durante a etapa do sono. O movimento rápido ocular (sono REM – *Rapid Eye Movement* – Movimento Rápido Ocular, característica do que acontece ao sonhar) está presente no cérebro enquanto processa a informação diária e arquiva adaptativamente ao passado.

Por alguma razão ainda não plenamente compreendida, em determinadas situações as pessoas não conseguem realizar este processamento de forma normal e saudável. É daí que possivelmente advêm os pesadelos, sobressaltos, pensamentos

---

[1] Este capítulo encontra-se em outro livro da autora, *Curando a Galera que Mora Lá Dentro*.

[2] Veja a página de *Procure um Profissional* no site de **www.emdrtreinamento.com.br**

intrusivos e obsessivos, ataques de pânico e, em casos mais graves, o Transtorno de Estresse Pós-Traumático (TEPT) e suas consequências. Em casos mais excepcionais podem chegar aos Transtornos Dissociativos de Identidade com histórias de traumas crônicos, repetitivos e constantes, que ocorreram especialmente na infância.

Para aplicar a terapia EMDR, o psicoterapeuta deve se capacitar junto a cursos credenciados onde será ensinado de forma teórica e prática como manejar as oito fases que estruturam a característica do tratamento.

Na primeira fase, o paciente compartilha sua história clínica e o terapeuta identifica os traumas e lembranças dolorosas do paciente, que serão os alvos de tratamento em futuras sessões (plano de tratamento).

Na segunda fase, instalam-se recursos positivos para ajudar o paciente a enfrentar momentos difíceis dentro e fora da sessão e provam-se os diferentes movimentos bilaterais (visuais, auditivos e táteis). Instrui-se o paciente em relação ao processamento que ocorre durante a terapia EMDR.

Na terceira fase, "abre-se" o arquivo cerebral a ser trabalhado por meio do resgate das imagens, crenças, emoções e sensações vinculadas ao evento-chave em questão. Colhem-se as Crenças Negativas e Positivas com as respectivas medições.
São tomadas medidas em duas escalas diferentes. A primeira é a escala SUDS (*Subjective Units of Disturbance Scale*), uma escala que mede unidades subjetivas de perturbação. Perguntamos ao paciente, *"Em uma escala de zero a dez, onde zero é nenhuma perturbação e dez é a máxima perturbação que você pode imaginar, quanta perturbação você sente agora quando você pensa naquela experiência difícil?"* Isso nos permite acompanhar o nível de resolução (ou não) da experiência enquanto vamos aplicando a estimulação bilateral. (Também nos permite obter avaliações

estatísticas.) Essa escala foi inicialmente desenvolvida por Joseph Wolpe que trabalhou durante muitos anos com dessensibilização e foi uma forma que ele desenvolveu para que se pudesse avaliar estatisticamente as experiências subjetivas. Também se pede ao paciente que imagine uma situação ideal ou de resolução e pergunta-se, *"Em um escala de um a sete, onde sete é completamente verdadeiro e um é completamente falso, quão verdadeiro você sente que são essas palavras positivas a seu respeito agora?"* Essa é uma escala *likert* que Francine Shapiro desenvolveu para medir e acompanhar a resolução desejada para o problema em pauta.

Vale ressaltar que, com essas medidas, Shapiro criou um protocolo que permitiu o estudo estatístico da sua nova abordagem, o que já resultou na publicação de mais de 200 estudos científicos com metodologia clínica rigorosa e uma revista indexada especificamente dedicada ao estudo de EMDR (*Journal of EMDR Practice and Research*[3]). A Organização Mundial de Saúde (OMS) aprovou a terapia EMDR como uma das duas psicoterapias eficazes no tratamento de estresse pós-traumático. Possui o selo do *National Registry of Evidence-based Programs and Practices* (NREPP) do governo norte-americano.[4] Atualmente, a comprovação científica da eficácia do EMDR é inegável[5].

Na quarta fase, o terapeuta aplica os estímulos bilaterais que darão o "arranque" ao cérebro para que possa desenvolver o reprocessamento que resultará na dessensibilização da lembrança dolorosa ou trauma.

---

[3] http:[MBLs].www.springerpub.com/product/19333196

[4] http: [MBLs].nrepp.samhsa.gov/ViewIntervention.aspx?id=199

[5] Veja a lista de pesquisas disponíveis no site de **www.emdrtreinamento.com.br**

Uma das coisas que acontece comumente no reprocessamento é o surgimento de emoções intensas ou ab-reações. Entende-se que uma lembrança foi arquivada com a emoção, sensação, imagem e pensamentos originais de determinada experiência portanto, não é de se surpreender que quando abrimos este arquivo cerebral, a lembrança surge com todo o impacto emocional da experiência original. Isso é normal. Abre-se o arquivo e saem todas as "cobras e lagartos" e fantasmas que estiveram morando nessa cova da lembrança. Quando isso acontece, não significa que a pessoa está sendo retraumatizada, mas, sim, que a carga negativa vinculada à lembrança está sendo liberada, reprocessada e transformada em um conteúdo adaptativo e funcional. O passado está virando passado e deixando de viver no presente da pessoa, por meio dessa transformação neuroquímica do reprocessamento.

Por outro lado, devemos levar em consideração que ab-reações (vivências emocionais intensas) excessivas podem impedir o reprocessamento. Cada parte ou papel traumatizado é um aspecto congelado e dissociado. Quando alguém se conecta com essa lembrança, dispara tudo que foi congelado, guardado e vivido naquela situação, no conteúdo daquele papel. Por isso dizemos que a vivência é estado dependente. Quando cutucamos esse lugar, aparece tudo o que foi vivido e sentido naquele momento. Em geral, são partes ou papéis mais infantis, mas também podem ser de eventos da vida adulta. Geralmente, os adultos quando crianças, não tiveram os recursos emocionais para enfrentar o que estava acontecendo. Os circuitos, então, ficaram sobrecarregados e a dissociação foi a defesa encontrada para sobreviver.

Se for excessiva a ab-reação ou a vivência da emoção for intensa demais, a pessoa pode voltar a se dissociar e aí não há reprocessamento. O indivíduo não consegue fazer as conexões cerebrais ou neuronais necessárias para reprocessar até uma resolução adaptativa, porque a emoção é forte demais e a pessoa (e sua *"Galera Interna"*[6]) se assusta e "foge" (volta a se dissociar) para seus lugares congelados de novo para se "proteger". Através da dissociação, vão para aqueles lugares internos onde se tem a ilusão de que estão protegidos. Mas nestes casos a estratégia de sobrevivência volta a virar uma prisão de congelamento.

Vemos como é importante tratar isso dentro de um caminho de cuidado. Ab-reação não significa que automaticamente há processamento. Há certas abordagens de psicoterapia que acreditam na ideia de que quanto mais a pessoa "agonizar" (fizer uma catarse intensa ou uma ab-reação violenta) mais ela estará processando, resolvendo e curando sua dificuldade. Isso não é necessariamente verdade. Ab-reação não é igual a cura. Isso faz parte do paradigma que diz que a pessoa precisa sofrer para sarar. Não. Mas não há dúvida que é frequente uma ab-reação significativa quando há reprocessamento devido ao fato de voltar a entrar em contato com uma experiência muito difícil. A ab-reação deve ser a consequência do processamento e não a meta final.

Na quinta fase é possível substituir as crenças negativas e falsas a respeito daquilo que foi vivido por crenças positivas que levarão o paciente a encontrar percepções adaptativas sobre aquilo que havia sido arquivado de maneira mal adaptativa e, muitas vezes, patológica.

Na sexta fase, averigua-se a existência (ou não) de perturbações corporais que igualmente serão reprocessadas. A sessão termina na sétima fase com instruções específicas sobre o que esperar entre as sessões.

---

[6] Veja outro livro da autora, **Curando a Galera que Mora Lá Dentro**. Também disponível por **e-book**

Na oitava fase, o paciente volta, faz-se uma avaliação dos resultados e prossegue-se com a evolução do tratamento: um novo alvo de tratamento caso o anterior já tenha se resolvido de maneira satisfatória ou a elaboração mais profunda e completa do alvo inicial.

Uma vez que se tenha a história completa do paciente, podemos montar um plano de tratamento, identificando os alvos da terapia EMDR, que costuma ser bastante diretiva no que se refere ao desenrolar dos objetivos a serem alcançados. Se a pessoa tem medo de avião porque teve uma experiência ruim com turbulências, então vai se montar o protocolo em função dessa lembrança. Se houve situações difíceis em relação a procedimentos médicos, então estes serão o alvo de tratamento. Situações de abuso infantil são tratadas exemplarmente com terapia EMDR. Monta-se um cronograma (flexível) de experiências a serem trabalhadas e vai se processando uma por uma, até que cada experiência seja zerada. Uma das coisas interessantes que costuma acontecer é que como o processamento continua depois da sessão, especialmente enquanto se dorme, muitas situações vão se resolvendo espontaneamente. Há pessoas que relatam que continuam tendo ganhos terapêuticos meses depois de terem terminado a terapia EMDR.

O que faz o EMDR ser percebido como uma mudança de paradigma? Primeiro, não é preciso falar para sarar. Durante 120 anos se acreditou e se ensinou que o paciente deveria conversar e falar sobre suas dificuldades como uma forma de "desabafar" seus problemas, e que isso iria ajudá-lo a resolver suas dificuldades (o "talking cure" que descrevia Breuer). Mas com a terapia EMDR, a fala pode ser mínima durante o período de reprocessamento cerebral, o que permite que o paciente possa trabalhar suas lembranças de modo privado. Levando-se em consideração que muitos traumas são de caráter sexual ou humilhante, o fato de não ter que entrar em detalhes descritivos muitas vezes permite que o paciente enfrente a lembrança sem tanta vergonha.

Segundo, a resolução da dificuldade se dá pela integração da informação neuronal inicialmente dissociada nos hemisférios cerebrais. É comum que a lembrança dolorosa esteja arquivada no hemisfério direito e sabemos que a fala (área de Broca) que permite a atribuição de sentido ao evento esteja no hemisfério esquerdo. A lembrança está desvinculada daquilo que poderia permitir ao paciente descrever em palavras o que lhe aconteceu. *"Não tenho palavras para lhe explicar o que me aconteceu"* é um discurso comum entre pessoas traumatizadas porque literalmente não as têm. Ou a lembrança está desvinculada do sistema límbico e o paciente vive em um eterno estado de ansiedade e perigo sem saber por que, e sem poder explicar para o seu cérebro que o perigo passou. (Isso se constata por meio de tomografias cerebrais sofisticadas, tais como tomografias PET, tomografias SPECT ou ressonâncias magnéticas funcionais - fMRI). O EMDR integra essas informações e permite que se possa atribuir sentido ao ocorrido e acalma um sistema límbico atordoado.

Para que se possa processar com eficácia é preciso que a pessoa se sinta protegida e segura. Grande parte dessa segurança provém da relação terapêutica. Se não há confiança na pessoa que acompanha o cliente nessa peregrinação terapêutica – que às vezes tem trechos aterradores – a pessoa não se entrega ao processo curador. Afinal, há toda uma Galera Interna lá dentro por quem se é responsável e a quem tem que proteger. Se qualquer uma das partes internas – alguém da Galera Interna – não se sentir cômoda, segura e protegida, ou se assustar, ou não concorda em seguir adiante, não acontece nada. O reprocessamento pode travar.

É por isso que sempre enfatizamos: o que cura... é o amor. Pode soar estranho falar disso em um livro sobre psicoterapia, mas é o amor, o afeto que dá segurança às pessoas para que criem a coragem de embarcar neste navio da cura e aguentar a viagem até o fim. É a certeza da aceitação incondicional do paciente por parte do terapeuta que encoraja as pessoas a fazerem essa viagem para dentro de si mesmas. Conhecer as feridas dos traumas da infância permite que estes sejam curados pelas novas ferramentas psicoterapêuticas. Sem amor, ninguém cria a coragem para essa viagem.

Uma das melhores coisas que ouvimos dos nossos pacientes ao terminar um reprocessamento é... "Acabou. Agora ficou distante. Está no passado."

E quando voltam às sessões seguintes dizem coisas assim:
- "Lembro, mas não me incomoda mais".
- "Já não consigo me lembrar do jeito que era antes".
- "Ficou borrado. Perdi a nitidez da lembrança".
- "É normal sentir tanto alívio em tão pouco tempo"?
- "Às vezes me dizem ou me fazem coisas chatas e eu nem ligo mais. Já não é mais importante como antes".
- "Tô dormindo bem pela primeira vez em anos...!"
- "Não pensei mais neste assunto. Nem me veio à cabeça".
- "É tão engraçado essa coisa da terapia EMDR... é como se nunca tivesse existido aquela experiência. Parece que a terapia EMDR lhe põe em um lugar em que o problema nunca existiu. É como que se antes eu visse um quarto todo entulhado e agora não tem mais nada disso. Está tudo organizado e nem imagino mais como era com o entulho...!"

- *"Este EMDR é mágico...!"*

Revisão

Todo tratamento começa com uma razão. Algo acontece que dispara a necessidade de procurar ajuda. Nem sempre as pessoas vão para a terapia morrendo de vontade; vão porque a alternativa de não procurar ajuda é pior.

A seguir, relatamos a tomada da história clínica de Armando e as razões pelas quais veio à terapia. O próprio Armando vai nos contar sua história. Faço questão de levantar a história dos meus pacientes da forma mais completa possível. Não quero apenas um disparador inicial que os leva a procurar ajuda, e sim, a "história da sua vida" porque é aí que eu costumo encontrar os segredos da eventual resolução terapêutica.

Às vezes, os pacientes acham estranho que eu esteja perguntando sobre sua infância, família de origem, dificuldades, lembranças dolorosas, acidentes, doenças e cirurgias, mas são nessas rupturas que mora o perigo do entrave atual. As lembranças de antigamente que não foram bem reprocessadas empatam o caminho atual de uma forma às vezes misteriosa - e óbvia - uma vez feita a conexão.

Também é na história que vamos ouvir onde houve as rupturas que vão se tornar os alvos da terapia. A primeira sessão é essencial para começar a montar um plano de tratamento bem feito.

Quem sabe aqui vale fazer a observação (cruelmente honesta) que poucos de nós, profissionais da área da psicoterapia no Brasil, aprendemos a desenvolver um plano de terapia. Infelizmente, isso normalmente não é ensinado de forma lógica e alcançável nas nossas universidades. Lembro-me de como me dava terror quando o paciente me perguntava: *"E daí, doutora, quanto tempo vai levar para ficar bom?"*- e eu não tinha a resposta.

Eu não tinha ideia como respondê-lo. A resposta padrão era informar que como tinha levado muito tempo para chegar ao estado em que se encontrava, também levaria (muito) tempo para resolver suas questões. Porque era assim mesmo.

Plano de terapia? Psicólogo era conhecido como alguém que trabalhava muito com a "intuição". Apesar do fato que eu (ainda) acredito profundamente na intuição, isso não monta um plano de tratamento nem justifica a continuação de um processo terapêutico sem resultados concretos. Pior eram os colegas que (inconscientemente) mantinham os pacientes sem alta por receio de não conseguir novos pacientes suficientes para cobrir o orçamento familiar, caso os pacientes atuais saíssem da terapia.

Hoje, trabalho de uma forma muito diferente. Há plano de tratamento. Há alvos claros a serem alcançados. Há medições para as propostas de alta. A rotatividade da carga horária de pacientes é alta: ficam bons e vão embora. No começo, quando passei a trabalhar para valer com terapia EMDR dava certa preocupação ver diminuir o número de pacientes. Mas não levou muito tempo para que o consultório desenvolvesse uma lista de espera porque os ex-pacientes comentavam com os amigos, colegas e familiares sobre uma terapia que "realmente funciona" e que tem um começo, meio e fim.

Outro elemento interessante é que o perfil do paciente mudou. Antes 90% dos pacientes eram mulheres, hoje chega a ser 50% a carga masculina de atendimento. Não tenho dados concretos para explicar isso, mas quem sabe é porque a terapia EMDR não exige "DR"- discutir a relação. Não é preciso contar detalhes íntimos nem compartilhar emoções. Tem medição. É lógica. E ficam sabendo dos resultados por outros homens...

Nessa *Revisão* você vai conhecer nosso paciente, Armando, a quem vamos dedicar o restante dessas páginas. Vamos caminhar juntos na trilha terapêutica que ele fez. De vez em quando, eu vou interromper para fazer algum comentário sobre o que estava acontecendo ou sinalizar o processo. Mas, na maior parte do tempo, prefiro deixar que ele mesmo conte a sua história.

Primeira Sessão: História do Armando

Sempre fui tímido e tive que aprender a compensar a timidez. Eu tenho um cargo executivo em um órgão público onde frequentemente tenho que falar para uma plateia desconhecida. É complicado para mim. Vem da dificuldade que eu tenho de ter que falar a coisa mais certa, mais inteligente. Falar no meio de gente desconhecida é difícil. Não sei se vem de coisa mais atrás: quem sabe uma fobia de falar, ter que fazer as melhores colocações.

Ontem estava em um fórum, com alguns secretários e juízes. No ambiente do fórum até que vai tudo bem, mas se ampliou o grupo... o medo da fala não sair me dá uma opressão e a fala trava. Vem o medo de acontecer isso naquele ambiente... acaba que eu não falo apesar de dominar o assunto. Quero falar e não consigo. Ontem não falei.

Terapeuta: Você lembra de quando tudo isso começou?

Lembro de cenas no jardim de infância, sentado na rodinha da merendeira. Não lembro o momento exato. A timidez é parte da minha personalidade. Tive uma história de ansiedade exacerbada. Meu pai suicidou-se quando eu era adolescente. Era um pai herói, mas era alcoólatra. Eu que acabava botando meu pai para dormir porque eu era o irmão mais velho. Meu pai era violento com a minha mãe. Ele estava passando por problema psíquico. Um dia, ele deu um tiro na cabeça. Não vi, mas foi perto da minha casa em uma praça. Foram populares que o encontraram. A empregada de muitos anos o achou. Quando ele saiu de casa, eu fui a última pessoa com ele quem falou. Estava com uma bolsa, de licença no trabalho, portanto estava em casa. Disse apenas, *"Vou dar uma caminhadinha na praça".*

No domingo ele não bebia porque tinha que voltar ao trabalho na segunda-feira. Só bebia no final de semana. Abri a escrivaninha, encontrei um bilhete dele: *"Cuide bem das crianças".* Achei que ele tivesse ido embora de casa. Eu estava me preparando para entrar em um colégio militar. Fui estudar em internato, três anos. Ficar distante de casa naquela época era difícil. Meu pai, bêbado no fim de semana, dizia que quando ele faltasse, eu teria que cuidar da família. Eu sempre fui muito certinho e foi difícil, mas fiquei longe de casa [depois da morte dele].
O que me facilitou muito foi que eu ia muito bem na escola. Eu era bom de estudo e de esportes, com notas excepcionais. Meu pai tinha feito colégio naval e me influenciou a ir para a escola militar. Tinha decidido isso antes mesmo dele morrer. Passei bem e fui para outra cidade estudar. Eu achei que estava perdendo a minha juventude lá dentro daquele colégio. Seriam sete anos de preparação para ser oficial militar. Então, desisti. Voltei e fiz a faculdade. Conheci minha esposa em uma cidade perto de onde eu estudava na época, e viemos transferidos para Brasília, quando ainda trabalhava na iniciativa privada. Eu acabei passando em concurso público. Pensei em voltar para a faculdade e aprofundar os estudos, mas acabei indo para a área política. Gosto do mundo político.

T: Conte um pouco da sua família de origem.

Sou o mais velho de 5 irmãos. Outra tragediazinha... uns anos atrás minha irmã morreu de câncer e eu fui doador, na tentativa de salvá-la. Dois anos depois que eu fiz a doação, ela morreu.

Partiu com 35 anos, deixando três filhos pequenos. A perda da minha irmã foi muito doída.

Minha mãe é uma guerreira. Ligo pra ela no dia dos pais. Ela nunca tinha pagado uma conta na vida. Era professora e meu pai cuidava de tudo. Ela teve que se virar quando ele morreu. Dois anos depois que meu pai morreu, ela encontrou uma pessoa e ficou vinte anos com ele, até ele morrer. Ele era muito respeitador. Eu tive um pouco de ciúmes por um tempo, mas pensando bem, o cara foi excepcional. Ele era bom para a minha mãe.

Já estou longe de casa há muito tempo. Conheci a moça que viria a ser minha esposa quando eu era jovem e mais adiante voltei a encontrá-la. Não temos filhos ainda, mas pensamos em ter uma meia dúzia! Sei que é muita responsabilidade.

Minha mãe e meu cunhado (da irmã que faleceu), sempre tiveram divergências e alguns anos antes da morte da minha irmã eles foram morar com ela, pois havia um suporte maior. Meu cunhado tem família em outro estado e ofereceram a ele uma oportunidade de mudança de emprego. Um ano depois do falecimento da minha irmã, ele foi para lá. Aquilo foi difícil para minha mãe, para todos nós. As crianças ainda eram pequenas, mas vêm passar as férias com a vó.

T: Quais são suas metas para a terapia? O que você gostaria de resolver?

Eu queria ser mais descolado; menos preocupado em lidar com grupos desconhecidos. Também me livrar da fobia; não tenho crise de pânico há muito tempo porque o remédio controla bem.

Meu pai batia em minha mãe quando bebia; ele virava outra pessoa. Eu ia segurar. Teve uma vez em que cheguei tarde. Eu praticava esporte de alta performance e ficamos presos em um engarrafamento. Ele estava com um porrete para bater na minha mãe. Foram uns tapas, mas essas brigas me incomodavam muito. Os finais de semana não eram bons. Quando ele dormia no sábado, era um alívio excepcional. Houve um momento que minha mãe quis sair de casa e eu disse que eu ia ficar; ela acabou ficando. Eu tinha uns 10-11 anos. Não tínhamos dificuldade financeira porque ele era funcionário de uma empresa estatal que pagava bem. O apartamento ficou quitado quando ele morreu e minha mãe teve pensão.

Quando eu quis sair do internato para onde eu fui depois da morte do meu pai, minha mãe teria que assinar a autorização, mas ela não deixou. Foi uma atitude sensata da parte da minha mãe.

Depois disso eu fui fazer faculdade. Nos primeiros anos, comecei com síndrome de pânico. Na época, não havia muita informação a respeito disso. De repente, eu *tinha* que voltar para casa. Durante um período isso travou a minha vida. Minha mãe ficou preocupada. A psicoterapia não me ajudou muito. Com a medicação foi melhor; um antidepressivo e um ansiolítico. Aquilo me salvou. Não conseguia mais sair, nem pegar estrada com medo de passar mal; nem pegar voo. Mais tarde consegui deixar os remédios. Hoje já fico um tempo sem tomar remédio, mas quando me aperto... tomo de novo. Quando fui trabalhar nessa nova repartição pública, fiquei tão ansioso que acabei tomando quase todos os dias.

Como falei anteriormente, eu tinha muita timidez na escola. Eu era retraído, mais introspectivo. Tinha amigos, um círculo pequeno. Lembro que um dia foram fazer uma peça no colégio. Eu não tenho perfil de ator! Na peça, a professora me colocou para ser um dos pássaros, porque eu era melhor aluno. Fiz sem problema. A dificuldade era falar no meio da turma. Na escola militar e no final do segundo grau acabei sendo muito popular.

Há dez anos me tornei evangélico. Minha mãe foi pra o catolicismo carismático.

Eu era bom de esporte, desde novinho; quem sabe por isso deu essa prepotência, uma certa arrogância. Por isso é que eu acho que as pessoas podem pensar isso a meu respeito. Eu acho que as pessoas estão me avaliando o tempo inteiro. É importante ter essa aceitação, que me digam que eu sou *o cara*. Inteligente. Isso me causa dificuldade. O corpo sente e trava a garganta. Tenho medo do ar faltar e não conseguir concluir.

Meu pai avaliava muito; era rígido, exigente. Minha mãe sempre cobrava e acho que por isso não dei trabalho quando criança. Mesmo assim, ele exigia boa conduta; foi meu referencial de integridade. A morte dele, de certa forma, foi um alívio para mim; foi embora aquela dor e o medo. Por outro lado, ele fez falta. Por exemplo, não tinha quem me ensinasse a dirigir carro.

Atualmente, tenho mais de cinco anos de casado e a gente tem uma vida de namorados.

****

A terapeuta estruturou o plano de tratamento inicial junto com o paciente com os seguintes alvos de terapia. Na medida em que a terapeuta foi comentando os alvos, o paciente teceu alguns comentários adicionais.

T: Acho que seria importante a gente trabalhar as seguintes situações, Armando.

1. As pessoas que se criaram em lares alcoólicos sempre tiveram que lidar com a imprevisibilidade de qual seria o estado da pessoa alcoólica: se chegaria em casa sóbria ou alcoolizada.

Então, a criança tem que criar uma antena especial para isso. A tendência é desenvolver certo nível de ansiedade em função do fato que a gente nunca sabe o que vai mesmo acontecer. Essa falta de previsibilidade impede também a rotina, algo muito importante na vida da criança e do adolescente. Poder ter expectativas claras que serão cumpridas traz estabilidade e segurança. Isso costuma faltar no lar onde uma das pessoas é alcoólica ou possui outro tipo de adição.

2. Ninguém passa ileso por uma experiência de suicídio. Se há uma coisa que realmente marca as pessoas é isso. Então com certeza vamos trabalhar essa experiência, ainda mais que você foi a última pessoa da família que viu seu pai vivo. E foi quem encontrou o bilhete.

3. A morte sempre nos marca. Perder uma irmã tão jovem é difícil. Perdê-la nessas circunstâncias foi ainda mais complicado, já que você literalmente deu o sangue (transplante) para que ela vivesse.

Armando: É sim. Eu fui o doador. E quando o câncer voltou, a medula não funcionou mais, ela morreu. Eu sempre fui um irmão muito implicante com ela. Ficamos companheiros depois de velhos e sinto que perdi essa oportunidade. Me ressinto disso, mas acho que lido bem com isso.

T: Então vamos conferir durante o nosso processo.

4. Você também falou que sente que tem que ser perfeito. Essa auto-exigência alta não é só problemática, mas contribui também para as crises de ansiedade porque a pessoa não se permite errar. Isso pode ser parte do problema da ansiedade de desempenho que você traz para terapia.

5. E claro, essa fobia que foi a razão que lhe trouxe à terapia.

Armando: Sim, essa fobia... me lembro na faculdade, o pânico. Fui com os amigos na boate e tive que voltar para casa. Situações assim que me ocorriam com frequência. Eu saía sozinho, mas por qualquer problema em algum lugar, eu ia embora. Mas no caminho de casa eu ficava bem. Era só sair da situação.

T: Então essa é a proposta da terapia e o plano de tratamento. Se você quiser dar continuidade, semana que vem a gente começa.

A: Combinado.

Alvos e o Plano de Tratamento
Comentários

Veja como foi possível indagar com bastante detalhes a história da vida de Armando no decorrer de uma hora. O plano de tratamento inicial – que sempre é passível de ajustes e afinação – possuía cinco alvos claros. Se fôssemos oferecer um cronograma de tratamento, eu diria que seria preciso de 5-8 sessões para cada alvo, sabendo que para alguns talvez fosse necessário menos sessões (morte da irmã), e outros alvos mais complexos (lar alcoólico) seria necessário mais. Mesmo sabendo que a morte da irmã tinha uma intensidade grande em termos emocionais, não trazia a complexidade de relação que traz conviver em um lar alcoólico. A pedra de toque da duração da terapia tem mais a ver com a *complexidade* dos temas do que com a *intensidade*. Apesar de que Armando acreditava que a morte da irmã era um assunto bastante resolvido, sempre é importante "*conferir*".

O suicídio do pai era tema inegociável em termos de tratamento. Vamos ver no desenrolar deste processo terapêutico como seria importante voltar a essa experiência de ruptura que atravessou o samba do nosso paciente na sua juventude.

O disparador da vinda à terapia foi a fobia de falar em público, mas, sabendo que essas crises de ansiedade costumam ter um pé no passado, trabalhar esses outros alvos da juventude seriam essenciais para dirimir as limitações atuais de Armando, assim como ajudá-lo a desenvolver formas mais adaptativas de desempenho em público. A ansiedade é um elemento que mata o desempenho em qualquer área. Trata-se da sensação de estar em perigo, aquele frio na barriga, às vezes sem aparente explicação. Armando precisaria resolver isso para que pudesse desempenhar-se bem.

O Processo Terapêutico

Todo bom processo terapêutico possui três momentos: Diagnóstico, Terapêutica e Aprendizagem.

Diagnóstico

Fui formada no tempo em que tinha caído de moda atribuir diagnósticos. Aprendemos que isso era "etiquetar" o paciente, algo obviamente imperdoável. Era o tempo de Carl Rogers e o humanismo; B. F. Skinner e o behaviorismo, e a imperante psicanálise que infiltrava a forma de todos fazerem terapia. A psicopatologia que estudávamos dividia as pessoas em "normais", neuróticas e psicóticas. As categorias de doenças mais comuns consistiam em discernir se a pessoa era histérica ou psicopática; fóbica ou obsessiva, e assim por diante, algo que em termos práticos costumava ser de total e absoluta inutilidade. A minha impressão era que essas categorias de diagnósticos pareciam não ser tão importantes porque ninguém sabia o que realmente tinha que acontecer para que a pessoa sarasse. Pelo menos para mim, era um grande mistério. Isso levando em consideração que eu era aluna exemplar: tinha passado em um vestibular super difícil que teria me permitido entrar até na escola de medicina em universidade federal (mas só gosto de sangue emocional; desmaio com o verdadeiro); estudava tudo que me ensinavam e ainda procurava ler livros adicionais porque amava (amo) minha carreira. Navegar a psicoterapia e a psicopatologia era um desafio.

Quem sabe me encantei com o psicodrama antes mesmo de me formar como psicóloga porque era uma forma de terapia que - pelo menos durante a sessão – tinha, sim, um começo, meio e fim. Tinha história, e eu amo as histórias. Tinha crise a ser resolvida, solução a ser alcançada. Todas as sessões eram novas e diferentes. Terapia de grupo era melhor que novela: tinha capítulo novo a cada semana! Tornei-me especialista e eventualmente conquistei – com distinção - um dos títulos internacionais mais respeitados nessa abordagem: *Trainer, Educator, Practitioner (TEP)* pelo *American Board of Examiners in Psychodrama, Sociometry and Group Psychotherapy,* fazendo provas práticas e teóricas difíceis a fim de exercer e ensinar o psicodrama nos Estados Unidos. Mas, diagnóstico e plano de tratamento continuavam evadindo a minha mortal compreensão.

No decorrer da carreira, especialmente nos anos em que vivi nos Estados Unidos, descobri uma realidade muito diferente em relação a questão dos diagnósticos. "Dar nome aos bois" era importantíssimo, até para saber se a gente iria tratar a pessoa de uma forma ou de outra. Li certa vez que *"se a gente não sabe para onde vai, qualquer caminho serve"*[7]. Muitas vezes, sentia, quando estudante, que qualquer caminho poderia servir já que a gente não era mesmo instruído a saber qual deveria ser o destino final da jornada com o paciente. A primeira vez que um diretor clínico nos Estados Unidos me perguntou qual seria o meu plano de tratamento para o paciente na clínica, fiquei passada, atônita. O que será que eu tinha que pôr no papel para poder satisfazer à pergunta do chefe? E foi aí que começou a aprendizagem da importância de diagnósticos e planos de tratamento.

Hoje se utilizam manuais de diagnósticos que nos ajudam a avaliar nossos pacientes de uma forma mais precisa e funcional. A psicoterapia está mais parecida com a medicina do que com a filosofia. Continuo achando que um paciente não deve ser apenas uma etiqueta diagnóstica, porém identificar o que a pessoa tem ajuda muito a orientar o tratamento. Portanto, para

---

[7] *If you don't know where you're going, any road will take you there.* Citação de Lewis Carroll em *Alice no País das Maravilhas.*

qualquer bom tratamento é preciso saber o diagnóstico, nem que seja provisório e passível de mudança ou confirmação mais adiante. Um problema bem definido já está meio resolvido.

Terapêutica

O segundo aspecto da psicoterapia é a terapêutica. De certa forma, isso começa até mesmo na primeira sessão quando se toma a história. Um paciente deve sentir segurança com a forma em que o terapeuta lhe indaga a vida e propõe um plano de tratamento. Essa fase do tratamento é muito mais do que simplesmente melhorar os sentimentos do paciente. Queremos ver a resolução realista das dificuldades que lhe trazem à terapia.

Minha amiga e colega, Ana Gómez, costuma dizer que os pacientes chegam com um de três pedidos para o tratamento. Têm os que querem "arrumar a mesa". Essas pessoas têm *um* problema claro, bem definido, que está incomodando muito; por exemplo, medo de viajar de avião. Quem sabe tiveram alguma experiência difícil em um vôo e daí em diante, ficaram com receio de voar. Às vezes, o medo chega a ser impeditivo. Possuem uma lembrança clara de quando começaram a sofrer com determinada dificuldade. Querem apenas resolver este problema, pelo menos inicialmente. (É comum os pacientes se encantarem com a terapia EMDR e resolverem continuar tratando outras dificuldades, mas em princípio, esses vêm com um problema e querem uma solução relativamente rápida.) Tratando com terapia EMDR é provável que cinco a oito sessões sejam suficientes para resolver o medo de viajar de avião. Barrando-se dificuldades complexas inesperadas que às vezes podem surgir, uma fobia clara pode ser solucionada rapidamente. Resolvida a questão que lhe trouxe à terapia a pessoa se despede. Às vezes volta, caso surja outra dificuldade específica.

Aqui vale fazer algumas observações. Um dos aspectos interessantes de trabalhar com terapia EMDR é a rotatividade dos pacientes. Como é frequente ter pacientes que somente querem resolver um problema e que deixam a terapia uma vez resolvida a questão, é comum ter um entra-e-sai de pacientes em contraposição a abordagens onde o tratamento se define por ser longo e constante. No começo da minha prática com terapia EMDR dava até certo frio na barriga ver o tanto de pacientes que iam embora em prazos curtos de tempo. Mas não tardei a perceber que estes pacientes terminavam a terapia em pouco tempo, mas comentavam com seus amigos, familiares e conhecidos sobre a eficácia da abordagem. Isso fazia com que novos pacientes ligassem para marcar consulta. Chegou a um ponto que passei a ter lista de espera; e a fila andava porque os pacientes novos também entravam em terapia, resolviam suas questões e deixavam espaço para os próximos. Isso se tornou uma característica interessante de muitas práticas clínicas de terapeutas EMDR. A rotatividade passou a ser um sinal do sucesso do tratamento.

Há pessoas que perguntam se realmente foram resolvidos os problemas dos pacientes, já que às vezes eles voltam para a terapia. A verdade é que o problema original que os trouxe à terapia costuma ficar resolvido, mas como surgem outras questões, os pacientes voltam sabendo que essa terapia é eficaz para resolver suas dificuldades. Acontece de ter pacientes que voltam, mas nunca pelo mesmo motivo. Eu, pessoalmente, nunca vi uma recaída. Quando conseguem resolver a questão que os trouxe à terapia, a resolução costuma ser definitiva. Um dos aspectos científicos da terapia EMDR é a transformação neuroquímica das lembranças difíceis.

Ana diz que outras pessoas vêm para a terapia porque precisam "arrumar um quarto". É como se a personalidade fosse uma casa, e um aspecto ou "quarto" precisa ser resolvido. Não se trata apenas de uma questão pontual, como uma fobia de agulha. Todo um aspecto da personalidade precisa ser arrumado.

Por exemplo, vem uma moça, profissional, bem sucedida, que tem um emprego importante. É concursada. Já comprou seu próprio apartamento, tem amigas e gosta de viajar. Mas reclama: *"Eu tenho um dedo podre para escolher namorado!"* Então ela precisa arrumar todo este aspecto romântico da sua vida. Vai ser preciso entender como era sua relação com os pais, a história de paqueras e namorados, tratar experiências difíceis e o que estes homens complicados acabam significando na sua vida; por que ela tem atração por relacionamentos que não têm futuro. Isso é arrumar um quarto e vai levar provavelmente de seis a doze meses para entender tudo, consertar, desconstruir e aprender a amar homens saudáveis.

Ana comenta que também há pessoas que precisam arrumar "toda a casa". São pessoas cuja vida está bastante desorganizada. Muitas áreas da sua vida não estão funcionando. Precisam realmente fazer uma arrumação geral. Para essas pessoas, a terapia pode durar de um a dois anos porque incluem questões mais complexas.

Finalmente há pessoas que vêm com diagnósticos mais graves e, portanto, a terapia terá que ser levada de forma mais lenta e cuidadosa. Sabemos que, quanto mais complexo o diagnóstico, mais cuidado será necessário para não desestabilizar a personalidade da pessoa. São casos onde há riscos de dissociação e perda da consciência presente durante o reprocessamento. Somente terapeutas EMDR especializados em trauma complexo e transtornos dissociativos costumam cuidar dessas pessoas.

Aprendizagem

Na medida em que as dificuldades de lidar com os problemas vão se resolvendo é preciso encontrar novas formas de comportamento. Às vezes, a resolução das dificuldades, dos traumas e das lembranças dolorosas faz com que espontaneamente a conduta mude. É uma das coisas interessantes (e belas) da terapia EMDR quando vemos os pacientes fazendo coisas que lhes era impossível há pouco tempo. Mais surpreendente é quando não se dão conta que houve essas mudanças até que pontuemos a nova conduta, atitude ou expressão. A resolução do trauma muitas vezes permite o resgate inconsciente daquilo que é bom, do que funciona e a pessoa começa a viver em uma nova dimensão de funcionalidade.

Por outro lado, como a terapia EMDR não é mágica, existe a necessidade de investir na aprendizagem de novas condutas. A terapia pode liberar a pessoa ao ponto que perca o medo de fazer contas matemáticas, mas não lhe ensina a tabuada; pode ajudar a curar o medo de se apresentar em público, mas as aulas de piano terão que ser feitas com a professora especializada. Também há condutas sociais que precisam ser aprendidas frequentemente para que os relacionamentos possam fluir melhor. A terapia EMDR pode ajudar a desbloquear certas dificuldades e libertar a alma da pessoa, mas a conduta desejada tem que ser aprendida.

Um movimento interessante que acontece no decorrer da terapia é que inicialmente a tendência é de se trabalhar as lembranças do passado que estão empatando a vida atual. A terapêutica ocupa um maior espaço já que tantas coisas precisam ser sanadas. Mas na medida em que vão se resolvendo, o cliente começa a trabalhar mais e mais o seu presente e seu futuro desejado. Um dos sinais que a alta está chegando é justamente o fato que a pessoa está cada vez mais empenhada em resolver – e aprender - coisas presentes e futuras. A terapêutica e a aprendizagem costumam ter uma relação inversa: quando o cliente está na etapa terapêutica há pouca aprendizagem porque enquanto não limpa o passado, não há lugar para o novo. Na medida em que o passado se resolve, a aprendizagem ocupa cada vez mais o processo terapêutico.

Voltemos a história do Armando, onde veremos a ilustração de todo este processo.

Ruptura

Segunda sessão: uma semana depois.

Armando chegou à sessão e comentamos amenidades. Ele já tinha recebido as explicações gerais sobre terapia EMDR na sua pasta de ingresso à clínica e durante a primeira entrevista, já que essa é a conduta padrão da TraumaClinic.

Nessa sessão, começamos a estruturar o primeiro alvo a ser tratado com movimentos oculares. Várias vezes deixei para identificar a Crença Positiva na Fase 5 depois que a Crença Negativa tivesse sido dessensibilizada. Estava difícil de conseguir na estruturação do protocolo inicial.

Terapeuta: Eu gosto muito de começar o trabalho de tratar as lembranças difíceis, começando com as mais antigas. Dessas coisas que a gente comentou na sessão passada... por onde poderíamos começar? Qual poderia ser nosso primeiro alvo? Uma das lembranças difíceis mais antigas que lhe incomodam?

Armando: Até os onze anos moramos em um lugar e depois em outro. Na nossa casa tinha bar, e final de semana... eu lembro de cenas de muita gritaria e confusão por causa da bebida do meu pai. Antes dos dez anos não tenho muita lembrança. Meu pai jantava sempre, no sábado, no mesmo lugar e voltava avariado. Com isso, que tinha muita gritaria em casa quando ele chegava.

Houve também muitas situações depois dos onze anos. Não consigo identificar o motivo das brigas do meu pai com a minha mãe. Acabava que eu tinha que entrar na frente porque ele ameaçava dar tapa na minha mãe.

Uma vez a situação ficou mais grave. Minha mãe ligou para a minha avó paterna porque meu pai estava completamente fora de si. Foi aquela confusão. Isso foi muito marcante para mim.

Teve outra vez... eu praticava muito esporte e havia uma competição na capital, em um clube. Daí demoramos. Ainda caiu uma chuva forte. Vivíamos em um bairro muito longe e chegamos em casa atrasados. Meu pai estava nos esperando com porrete.

Minha mãe disse: *"Marido, olha os vizinhos."*

Nos domingos, ele não bebia. Tinha que se recuperar da ressaca. Chegávamos em casa e tínhamos que falar baixinho. Também lembro dos sábados à tardinha, no crepúsculo... eu vendo televisão com uma empregada, com a sensação que ele voltaria com a bebedeira. Era aquela ansiedade: *ele vai voltar e vai acontecer alguma coisa.* Dava muita ansiedade. Também lembro das cenas de levá-lo para cama bêbado. Fiz isso várias vezes.

Uma vez, minha mãe disse que ia embora. Pegou os filhos para sair, mas eu disse que ficaria. Ela acabou ficando por conta disso. Eu fiquei com pena do meu pai.

T: Então dessas cenas que você mencionou, com qual podemos começar? Dessas cenas mais antigas?

A: Acho que a cena do meu pai no elevador com porrete, esperando a gente chegar. Lembro da portaria do prédio. Chegamos e entramos, chamamos o elevador e ele estava lá dentro com o braço levantado! O porteiro ficou atônito, sem saber o que fazer. Acabou que entramos no elevador.

T: E quando você pensa nessa imagem, quais as palavras negativas que você pensa a seu respeito agora que sejam falsas e irracionais?

A: Eu tenho que fazer algo e não sei o quê.

T: Quais as emoções que surgem quando você pensa nisso?

A: Medo, ansiedade, vergonha.

T: Em uma escala de zero a dez, onde dez é a máxima perturbação que você pode imaginar e zero é nenhuma, quanta perturbação você sente agora quando você pensa nisso?

A: Agora? Quase nada, mas na época foi muito, uns nove.

T: Aonde você sente isso no seu corpo?

A: No estômago.

T: Armando, a gente vai começar com os movimentos bilaterais agora. Você sabe que pode me pedir para parar em qualquer momento, se quiser. Vou pedir para você pensar nisso tudo, vamos fazer os movimentos; você trabalha em silêncio e depois a gente para e comenta, ok?

A: Tudo bem.

T: Então, pensa nessa experiência difícil que você me descreveu, nas palavras negativas, *Eu tenho que fazer algo e não sei o quê*, sente isso no seu corpo e segue os movimentos. [A terapeuta usava uma barra de luz para fazer os movimentos bilaterais visuais.]

[MBLs - Movimentos bilaterais].

T: Respira fundo. Solta. O que aparece?

A: Me vieram uns sentimentos. Tenho que proteger minha mãe; evitar um dano; o sentimento de injustiça. O motivo era o atraso por uma chuva. Também fiquei muito sem saber o que fazer. Quem tinha que me ajudar era a causa do problema.

[MBLs.]

T: E agora?

A: Vieram outras cenas, outros sentimentos... as confusões ocorriam no início da noite. Esses momentos eram muito torturantes. Eu ficava contando os minutos para passar aquela hora. Até ele dormir, a expectativa era muito grande; a ansiedade do perigo.

[MBLs.]

A: Veio a ansiedade; fazendo uma mentalização para ele ir dormir para acabar aquela situação de perigo. Eu tinha os ouvidos aguçados para ouvir qualquer início de confusão, para fazer uma intervenção. Também vieram outras cenas.

Eu era do time de futebol de salão. Ele nunca vinha me assistir. Eu deveria ter uns dez anos, e eu era bom naquilo. Era capitão, mas ele nunca vinha porque sábado ele bebia. Cheguei a ser campeão brasileiro na outra modalidade esportiva que eu praticava. Ele veio para a última prova, mas dava medo porque a gente ficava sem saber se iria fazer confusão.

[MBLs].

Agora me veio uma emoção, um sentimento... eu vencia muito nas minhas competições. Eu tinha a premiação mais alta do pódio e ele nunca estava. Eu queria que ele me visse naquele

38

lugar de honra, premiado pelo talento. Me deu tristeza. Também aquela coisa, *poxa, agora tenho que voltar pra casa, porque pode estar acontecendo alguma coisa*. Foi o mais forte... dele não ter assistido estes momentos de competição onde eu tinha tanto sucesso. Ele me passou uma paixão muito grande pelo seu time de futebol. É a paixão do pai estar junto. Eu punha a culpa no álcool; está me roubando meu pai. Eu tenho lembranças durante a semana quando ele não bebia e me levava para o trabalho com ele... eu gostava muito de fazer isso. Durante a semana, quando ele era um pai normal... era bom.

T: Então fala para este menino que ele não mora mais lá. Diz algo assim: *agora você mora comigo. O perigo passou.*

[MBLs].

A: Chorar pode? A emoção é de dizer: *você venceu! conseguiu passar por isso e vencer!* [Armando chora.] Já passou. Sinto falta do que meu pai deixou de me ensinar. Eu precisava de conselhos paternos.

[MBLs].

Estou bem agora... só 'tô emocionado um pouquinho ainda.

Como o horário da sessão estava terminando e Armando tinha chegado a um bom ponto para parar, a terapeuta começou a encerrar a sessão. Alertou-lhe que o reprocessamento poderia continuar depois da sessão e que era possível que se lembrasse de outras coisas; que talvez tivesse sonhos relevantes ou outras emoções. Explicou que ele poderia ligar para a terapeuta, caso precisasse.

Identificando as Rupturas

Identificar as quebras e rupturas é sumamente importante porque é aí que moram os traumas, as lembranças difíceis e os nossos alvos de terapia. Quando a gente toma a história, prestamos atenção nessas coisas. Muitas vezes os pacientes dizem, *"ah, isso já está resolvido"* e eu comento, *"Então vamos conferir?"* E vou anotando na minha lista de alvos, enquanto vou montando o plano de tratamento.

Nessas sessões fica claro como o suicídio do pai do Armando ainda pesa e como ainda tem coisa para resolver na relação com o pai. Mas não foi só isso. Veja como a primeira lembrança no elevador deixou sua marca. Muitas pessoas pensam que porque aconteceu no passado, já passou; ou quem sabe conseguiram lidar com a lembrança a ponto que já não lhes afetam, mas o que vamos vendo no decorrer dos relatos do Armando – e de muitos outros pacientes - é como essas rupturas ainda afetavam sua vida.

A questão da ansiedade aparece e reaparece na vida dele e é uma das coisas que na sua vida atual está lhe impedindo de se desempenhar bem. A maioria das pessoas que vêm de lares alcoólicos lutam com a ansiedade. A imprevisibilidade – *o que será que vai acontecer hoje? Como será que meu pai vem para casa?* - gera essa sensação de perigo, que por sua vez gera a sensação de ansiedade. Não saber se o "pai bom" ou o "pai difícil" iria chegar complicava a vida do Armando, como acontece na maioria dos lares alcoólicos.

Às vezes, os pacientes vem com uma dificuldade atual, como essa do Armando, e estranham que começamos com situações do passado. Mas a verdade é que se não formos à raiz da questão dificilmente conseguiremos resolver a situação no presente. Há partes do nosso cérebro que ficam ativadas com situações chocantes como essa do suicídio do pai do Armando. Não passa com o tempo, porque o tempo não reprocessa essas lembranças travadas.

O que a terapia EMDR faz é dar uma chance para acalmar as partes do cérebro - especialmente o sistema límbico - que não conseguiram "digerir" as lembranças difíceis. Com isso vão se resolvendo muitos aspectos da ansiedade: perde-se a sensação de estar em perigo, tão característico da ansiedade. Resolvendo a ansiedade do passado, permite que as experiências atuais, também se resolvam como consequência natural. Foi possível ver mais adiante como a ansiedade ligada às apresentações em público foram diminuindo a ponto que o próprio Armando eventualmente reconheceu que já não tinha que apresentar um desempenho perfeito, o que libera o nível de exigência, e permite que se faça as coisas de forma mais relaxada.

Reprocessamento

Terceira sessão:

Mais uma vez trocaram-se as amenidades costumeiras de início de sessão e a terapeuta lhe perguntou como havia passado a semana.

Armando: Saí daqui bem, mas passei uns dois ou três dias sorumbático, introspectivo. A médica fez algumas trocas na medicação por conta da ansiedade. Lembrar daquilo tudo... fica difícil de me situar. Mas passou. Quem controla essas coisas sou eu.

Armando relata algumas lembranças adicionais que teve daquela época e nega que tenha tido sonhos pertinentes.

Terapeuta: Agora quando você pensa na cena que trabalhamos na última sessão, como está?

A: Está tranquilo. Eu vejo a cena, mas não sinto o pavor nem o receio. Vejo como uma coisa que foi tão difícil já passou. Não sei se é momentâneo. Eu enxergo um quadro. Foi vencido. Eu sobrevivi e minha mãe também.

A terapeuta pergunta o nível de perturbação atual em uma escala de zero a dez quando Armando pensa naquela cena, e Armando responde que é zero.

Passamos à próxima cena perturbadora dessa época: o suicídio do seu pai.
A: Quando eu lembro do suicídio do meu pai, me vem dois momentos distintos. Houve o momento em que chegou a notícia. Fui eu quem teve o último contato com ele antes dele morrer. Ele me disse, *"Vou dar uma caminhadinha na praça"*.

Achei o bilhete dele para minha mãe e pensei que ele tivesse ido embora.

Mais tarde vi que tinha um burburinho em casa, mas não tinha noção do que estava acontecendo. A nossa empregada foi quem encontrou a pessoa que sabia do que tinha acontecido e nos deu a notícia. Eu fiquei meio perdido na situação... em casa, meio vendido. Meu pai tinha uma arma, mas a minha mãe tinha dado a arma dele por conta dos problemas. Uns dias antes disso tudo acontecer, houve uma ligação avisando que a "encomenda" tinha chegado. Depois a gente se deu conta que ele tinha comprado outra arma. Eu fiquei sentado no chão do corredor; um vizinho ficou comigo. Era a hora do crepúsculo.

T: E quando você pensa na cena, nessa experiência difícil, o que você pensa a seu respeito que seja falso, negativo e irracional?

A: Eu 'tô perdido. Quando vejo aquele bilhete na escrivaninha, me dá uma angústia muito grande.

T: Que emoções surgem quando você pensa nisso tudo?

A: Angústia.

T: E em uma escala de zero a dez, quanta perturbação você sente agora quando pensa naquilo?

A: Seis.

T: Aonde você sente isso no seu corpo?

A: No abdômen, no estômago.

T: Então pense nessa experiência difícil, na imagem do bilhete, nas palavras, *Eu 'tô perdido,* sinta isso no seu corpo e siga os movimentos.

[MBLs].

A: Eu sinto aquela ansiedade do momento. Quando minha mãe viu o bilhete, ela logo pensou no suicídio. Meu pai tinha passado na casa da mãe, de sacola na mão. De lá foi para a praça. Acho que foi aonde eu falhei, que eu não pude ajudar. Eu poderia ter interferido com ele. Eu poderia ter feito algo pra impedir.

[MBLs].

A: Eu demorei a achar o sentimento. Depois de um tempo, me consumi. Vejo uma cena fora de padrão e não questiono.

Também me lembrei do telefonema. Poderia ter agido.

T: Como é que você poderia ter desconfiado que o seu pai faria isso?

A: Pois é... mas sinto muita cobrança comigo.

[MBLs].

T: Armando, parece que tem dois "Armandos" aqui: um que se cobra porque acha que tinha que ter feito algo para impedir seu pai de fazer aquilo e outro que sabe que não havia muito que se poderia fazer. Quem sabe esses dois "Armandos" poderiam conversar e você, Adulto, poderia explicar para este jovem o que foi que aconteceu?

[MBLs].

A: Eu dei um vacilo, mas consegui conversar um pouco.

T: Parece que seu pai tinha tomado essa decisão muito bem pensada, muito bem preparada. Deixou bilhete, comprou a arma às escondidas. Escolheu uma forma de morrer que não dá muita chance de sobrevivência. Parece que ele estava bem resolvido a fazer isso. Acredito que era uma questão de tempo e ele teria feito isso. Se não fosse nesse dia em que você o viu por último teria sido outro dia. Parece que não havia nada que se pudesse fazer para impedi-lo. Quem sabe você pode explicar isso pro Armando que fica cobrando atitudes?

[MBLs].

A: Me veio uma outra lembrança, uma sensação de culpa, isso depois que eu soube que ele tinha um diagnóstico psiquiátrico. Eu não sabia disso. Mas eu era apenas um adolescente!

[MBLs].

T: E agora, quando você pensa nessa experiência difícil, quanta perturbação você sente?

A: Em relação ao bilhete, tenho mais alívio. Incomoda pouco, zero ou um. Vou continuar trabalhando a culpa. Mas isso tudo ficou claro, nítido; clareou.

Outra cena que eu lembrei foi o enterro. Isso foi bem dolorido. Quando eu voltei às aulas, lembrei da vergonha na escola, as pessoas comentando, *o pai dele que se suicidou*. Todo mundo sabia e eu senti muita vergonha.

T: É, tudo isso é muito difícil mesmo, muito doloroso. Nosso tempo está acabando, então vamos deixar para retomar na próxima sessão, pode ser?

A: Sim. São muitas lembranças, mas 'tô mais aliviado.

Reparação

Quarta sessão

Terapeuta: Então, Armando, como você passou estes dias?

A: Tudo bem. Eu passei bem melhor essa semana. Não senti nada; não tive a ressaca que nem da outra vez. Não deu ansiedade de vir hoje.

T: Agora quando você pensa na experiência que trabalhamos semana passada, como está?

A: Está tranquilo, como se fosse uma situação que ficou, marcou, mexeu no ritmo da vida, mas entendo que não teria como atuar, agir. O bilhete ainda dá um pouquinho de ansiedade. Quando penso em abrir a gaveta e ver o bilhete, não é bom.

T: Quanta perturbação você sente quando pensa nisso?

A: Três.

T: Então pensa nessa experiência difícil, na cena do bilhete e siga os movimentos.

[MBLs].

A: Me vem um sentimento mais de nostalgia e saudade. Compõe um marco. Eu queria que não tivesse acontecido, mas não tenho culpa. Está tranquilo. Com bilhete ou não, eu não poderia ter feito outra coisa. Me dá saudade.

T: Quanta perturbação você sente quando pensa nisso agora?

A: Um, dois. Não incomoda. Não é mais um impacto. Agora é saudade. Houve uma ruptura, a perda.

Quando tudo isso aconteceu, nós ficamos em casa. Um amigo meu chegou. Fui dormir na casa da irmã da minha mãe com quem tinha um relacionamento bom. Eu 'tava tentando assimilar aquela situação, buscar informação. Eu não sabia como reagir, como amenizar, como proteger. No dia seguinte, eu sabia que queria ir ao enterro, mas meus irmãos não foram.

T: Nessa parte da experiência, qual a cena ou foto que se destaca mais para você?

A: Eu, sentado no corredor com um amigo... meio vazio, perdido, tentando compreender a situação.

T: Quando você pensa nessa cena, quais as palavras negativas, falsas e irracionais que você pensa a seu respeito?

A: Eu tô meio perdido. Não sei administrar essa situação; qual vai ser o rumo.

T: Quais as emoções que surgem para você quando pensa nisso tudo?

A: Ansiedade, confusão.

T: Qual o nível de perturbação?

A: Três. Sinto saudade, nostalgia, mas tinha outro componente: estava em um ambiente cercado de pessoas e isso me incomodava. Não queria mostrar fraqueza; eu tinha que ser o forte.

T: Aonde você sente isso no seu corpo?

A: No estômago.

T: Então pense nisso tudo, nessas palavras negativas e siga os movimentos.

[MBLs].

A: A dor foi superada e o sentimento de vergonha. Eu tinha uma preocupação excessiva com o que os outros iriam pensar, por conta das confusões do alcoolismo; e em cima a vergonha do pai ter se matado. Envergonhado. Hoje eu não tenho mais vergonha em relação a isso, mas tive durante anos. Tive muita vergonha. Dizia que era acidente, mas hoje está bem. A vergonha foi naquele momento. Ficou a imagem congelada. Percebo os sentimentos, mas não me incomoda.

[MBLs].

A: Hoje estou com azia, sinto muito as coisas no estômago. Mas estou tranquilo com essa cena. É zero.

A próxima cena foi na casa da tia. Foi uma confusão. Apaguei a luz e olhei para cima e fiquei pensando o que se faz da vida.

Estou sozinho. Nesse momento houve uma ruptura com Deus. Ele não pode existir. Essas coisas não podem acontecer com essa facilidade. Eu era o mais velho dos meus irmãos.

[MBLs].

Mais que a confusão, foi a ideia de que nunca mais vou vê-lo; nunca mais vou ter contato. Isso era muito doído.

[MBLs].

A: Passou. Eu sobrevivi. Consegui passar por este momento. Não fui para as drogas nem para o álcool. Absorvi princípios fortes de integridade, honestidade, que eram muito do meu pai. A vida andou.

[MBLs].

A: Não só eu, mas toda a família sobreviveu dentro de uma condição legal. Ninguém travou. Minha mãe sobreviveu, arrumou outra pessoa um tempo depois. Tá tranquilo.

T: Vamos ver a cena do enterro? Ainda temos tempo hoje.

A: O enterro está mais fácil. Eu chegando ao cemitério... é muito feio. A capela é de mármore, tudo cinza, tudo de cimento. Cheguei, vi o caixão. Algo importante que aconteceu... foi ao enterro um cara que acabou dando aula para gente. Era filho do dono do bar que meu pai frequentava. Ele bebia mais em casa, mas às vezes ele ia para um boteco perto de casa e eu conheci estes filhos do dono do bar. Quando esse rapaz chegou perto, me deu uma crise de choro. Este amigo me tirou e me levou para tomar um refrigerante.

Me deu uma emoção de desespero, mas agora a perturbação é quase nada, zero.

[MBLs].

A: Do jeito que a gente vem trabalhando, a ansiedade não apareceu mais, no entanto, me dá saudade. Em relação à ruptura tá bem tranquilo. A cena do amigo me levando para fora foi importante. Carregar o caixão, vê-lo fechar... me deu mais um momento de desespero.

T: Sabe, Armando, quando alguém morre assim, repentinamente, a gente não tem a oportunidade de dizer adeus, fazer as despedidas. Acaba que ficam coisas sem falar, coisas importantes que a gente gostaria que a pessoa soubesse antes de partir. Queria te propor que agora, na sua imaginação, seu pai viesse de onde ele está e você falasse para ele tudo que faltou dizer para ele: como ele era importante para você, como lhe fez falta e outras coisas que queira dizer. Fale o que quiser. Aqui pode. Pense nisso tudo e segue meus movimentos.

[MBLs].

[Armando chora ao fazer a despedida do seu pai.] Fiz um agradecimento a ele pelos valores que ele me passou. Não tinha mesmo como lhe ajudar. Eu era apenas um adolescente. Sei que cada um tem seus motivos. Não tenho como avaliar ou julgar o que ele fez. Não tenho ódio; ele teve seus motivos. Lutou até o final e chegou um momento que não dava mais. Eu agradeci a ele por ter nos deixado amparados financeiramente. Foi uma preocupação dele.

T: Muito bem. Então agora vamos ouvir o que ele lhe diria...

[MBLs].

A: Ficaram em dois pontos: me pediu perdão, que eu lhe perdoasse pelo que fez. E me parabenizou porque ajudei a família a seguir em um bom caminho.

Ambos muito emocionados fizemos os comentários finais e nos despedimos. Foi uma sessão de muita emoção, mas também de muita reparação.

Fazendo as pazes com o passado

Uma das tarefas terapêuticas que costuma aparecer na psicoterapia é a reparação: fazer as pazes com o passado. Mas para que isso possa acontecer, às vezes é preciso fazer as pazes com o que aconteceu e até com quem esteve por lá. Aceitar o que passou não significa aprovar. Aceitar quer dizer: as coisas são como elas são, foram como foram. Não se pode mudar o passado, mas podemos modificar a nossa percepção, a nossa interpretação do que lembramos.

Neste caso, Armando perdeu o pai repentinamente, de forma inesperada e violenta. Não houve a oportunidade de fazer uma despedida mais pessoal, já que, quando Armando soube do ocorrido, o pai já estava morto.

Uma das estratégias clínicas que podemos empregar é a reparação. Como a minha primeira formação profissional foi em Psicodrama é frequente aproveitar alguns dos manejos clínicos dessa abordagem e fazer o que eu chamaria de um Psicodrama Interno: possibilitar ao cliente diálogos e resoluções internas imaginárias como entrelaçamentos durante o reprocessamento da terapia EMDR.

Uma das dificuldades de lidar com o trauma é justamente a questão do passo inacabado. Às vezes fica a sensação que algo ficou "pendurado" no tempo. Não deu para terminar, como foi o caso do Armando. Há pessoas que se expõem – até repetidamente - a situações até perigosas na tentativa de trazer momentos traumáticos a algum tipo de fechamento. Como nosso cérebro "pede" um final, e de preferência um final feliz, o Psicodrama se presta muito para essa finalidade. (*Quem não quer saber como terminou o último capítulo da novela?*)

Daí surgiu, portanto, a proposta ao Armando para que ele tivesse essa conversa com seu pai, de forma que ele pudesse fazer um fechamento a essa relação tão importante que foi violentamente cortada. "Chamamos" seu pai de volta de onde estivesse e estruturamos a oportunidade para que Armando pudesse ter essa conversa na privacidade dos seus pensamentos e imaginação.

Quem sabe uma das coisas que traz proteção e segurança aos pacientes é saber que não é preciso detalhar tudo que acontece durante a terapia EMDR. Armando falou pouco sobre o que disse a seu pai e não é preciso informar à terapeuta para que a terapia chegue a um bom término. O importante é que ele tenha tido a chance de levar essa relação a uma resolução satisfatória. Há momentos tão privados – e sagrados – que devem mesmo ficar no silêncio do pensamento.

Também aproveitamos esse mesmo momento para que ele pudesse imaginar o que seu pai lhe diria, palavras que foram surpreendentemente positivas e confirmadoras. Dessa maneira, houve uma resolução de ambos os lados da relação.

Reconciliação

Quinta sessão

Quando a terapeuta indagou sobre como Armando havia passado depois da última sessão, ele comentou:

Armando: Naquele dia fiquei meio introspectivo, mas no dia seguinte estava bem.

Terapeuta: E quando você pensa naquela experiência agora, quanto lhe perturba de zero a dez?

A: Zero.

T: Então, vamos ao próximo alvo que tem a ver com ir para a escola, o internato.

A: Sim. Eu fui para uma escola militar. Eu tinha conseguido passar no exame. Meu pai morreu em maio e eu fui embora para essa escola em fevereiro do ano seguinte. Peguei um comandante que exigia muito e não dava para ir para casa no final de semana. Para ligar para casa era no orelhão. Vira e mexe não dava linha ou então caía. Era difícil. Era um regime militar na aula.

Quando eu penso nisso me vêm várias cenas. Primeiro, a ida para o internato. Nesse concurso, eu tive uma reprovação por conta da visão. Fiz um recurso e consegui entrar mesmo assim. O pessoal da escola reuniu todos os aprovados da minha cidade em um ônibus que nos levou para a cidade onde eu ficaria interno. Eu fiquei muito preocupado com o que estava deixando. Também no ônibus era um ambiente no meio de muitas pessoas, e eu era bem introvertido. Foi uma viagem bem complicadinha. E na chegada, a escola era grande, um internato.

Eu tinha muito orgulho porque somente 200 alunos passaram entre 100 mil candidatos. Mas tinha a sensação que eu estava saindo de casa para sempre com apenas quinze anos. E pensei, *não tenho o apoio do meu pai.*

T: E quais são as palavras que melhor lhe descrevem quando pensa nessa cena, que sejam falsas, negativas e irracionais?

A: *Estou sem apoio.* Estou deixando para trás os meus irmãos.

T: Quando você pensa nisso, quais as emoções que lhe vêm?

A: Tristeza, banzo.

T: Em uma escala de zero a dez, onde dez é a máxima perturbação e zero é nenhuma, quanta perturbação você sente agora quando pensa nisso?

A: Seis. Aquilo de entrar no ônibus, sentar... muita gente que eu não conhecia. Não tinha tanto medo das coisas depois que o meu pai morreu. Isso de não ter medo me fortaleceu, mas estava preocupado com que ia encontrar.

T: Aonde você sente isso no seu corpo?

A: No estômago; um vazio. Me dá ainda um vazio. Não sei como trabalhar a emoção daquele momento... o que poderia ter sido diferente. Era um vazio pelas circunstâncias.

[MBLs].

T: O que poderia ter lhe ajudado?

A: A ciência que minha família iria ficar bem; isso poderia ter me ajudado.

T: Então na sua imaginação, conta para este Armando de 15 anos o que você sabe hoje: que a família ficou bem, mesmo sem ele.

[MBLs].

A: Ele ficou bem mais tranquilo. Era um sufoco para ligar. Era caro, e o sufoco da minha mãe e o que ela estava sentindo nesse momento. Ela teve uma atitude sábia. Ela não me deixou sair da escola depois do primeiro ano. Ela insistiu que eu continuasse.

T: Então vamos agradecer a sua mãe?

[MBLs].

A: Tenho muito que agradecer. Ela nunca demonstrou fraqueza. Às vezes, eu ficava um mês sem ir para casa. Outras vezes, ela vinha me visitar. Foi um porto seguro. Dou parabéns para ela no Dia dos Pais.
T: Então quando você volta a pensar na cena do ônibus, quanta perturbação você sente, de zero a dez?

A: Um. É a ansiedade e preocupação com eles.

Uma cena que me marcou bastante na chegada foi o internato. Eram alas, com armários em cima e camas embaixo. A gente ficou conversando na porta, todo mundo meio sem saber o que ia encontrar.

Agora pensando naquele primeiro dia está bem tranquilo. Acabei vendo que aquelas pessoas eram parceiras. Eu tinha certa popularidade, porque era atleta. Tinha competições.

Tinha também muito trote, às vezes com violência. Mas eu ganhava dos veteranos, mesmo no primeiro ano.

Uma vez demos um golpe e peguei uma punição. Nunca tive problema com disciplina. Mas com alguns do segundo ano, eu dava umas peitadinhas.

T: Então, agora quando você pensa nessa experiência que estamos trabalhando, quanto lhe incomoda de zero a dez?

A: Da chegada? Zero.

Na verdade, tenho muitas lembranças boas, excepcionais. Às vezes, eu tinha o sentimento que estava perdendo a vida. Eu 'tava super preparado como militar e pensava, *não vou utilizar isso nunca*. O Brasil não vai entrar na guerra com ninguém nunca; não tinha sentido.

Pensava, *Estou perdendo a vida*. Vieram algumas cenas marcantes em relação a isso. Uma foi a volta para casa. Quando ia visitar minha família eu chegava de madrugada em casa, e voltava no domingo à tarde. Este retorno era muito doído. Tinha muita tristeza, pensar em encarar aquela rotina toda. Minha irmã estava indo para uma festa e eu voltando para o internato.

Mas foram momentos que passaram. Saí, tomei outro rumo; venci de outra forma. A tristeza ficou como aprendizado; se perdeu naquele tempo mesmo. Trabalhei efetivamente. Terminei o segundo grau e estava muito na frente dos outros. Passei em 13º lugar no vestibular para o meu curso na universidade federal.

[MBLs].

Mas no final das contas, não terminei a escola militar. Fiz um ano e oito meses. Antes de terminar o segundo ano, voltei para antiga escola na minha cidade, onde voltei a morar com a minha família. Fiz o último ano. Dessa vez, a minha mãe deixou.

No meu último dia no internato houve um exercício e eu dormi ao relento. Foram experiências que me deram traços de caráter. Lealdade. Honestidade. Sou mais leal que honesto. Acredito na obrigação. Mais que fidelidade. São conceitos que ficaram arraigados.

Tomei uns trotes brabos. Uma vez levei um chute de um oficial sem poder reagir. Também houve trotes de malhação que não conseguia subir as escadas no dia seguinte.

[MBLs].

A escola militar foi um aprendizado de vida. Sentia muita tristeza, agora está legal. Bem trabalhada. Cresce, se cultiva; cultivei muitos anos. Depois que eu tive contato com a Bíblia é que eu mudei. Antes eu cultivava muito meu sofrimento. Depois da conversão isso mudou. Agora está tranquilo. É parte da experiência de vida. Foi um aprendizado.

Hoje teve uma reunião no trabalho com várias pessoas importantes. Era para meu chefe ir para essa reunião, mas faleceu uma pessoa importante do trabalho, um amigo da gente. Ele teve um acidente de carro. Acordei e vi que eu iria ter que representá-lo. Pensei, vou ter que sentar do lado de um político que procura boicotar a gente.

Pensando nessas coisas todas me faz lembrar da morte da minha irmã. Eu fiz a transfusão de medula na tentativa de salvar sua vida, mas não deu certo. Isso me incomoda.

T: Acho que esse é um tema para a gente trabalhar na próxima sessão. Você não era responsável por curar sua irmã. Fez o que pôde. Nem sempre sai como a gente quer, né?

A: É. Vamos trabalhar isso na próxima sessão.

Sexta sessão

Armando: Estou bem, mas estou acordando mais cansado. Acordo de bom humor. Pelo fato de ter o dia muito corrido, tenho acordado mais ansioso, sobressaltado, mas estabiliza em seguida.

Terapeuta: Gostaria que você pensasse no que trabalhamos na sessão passada. Agora quando você pensa nisso, em uma escala de zero a dez, quanta perturbação você sente?

A: Não incomoda mais. É zero. Foram situações dentro do contexto; uma escola de vida, e o que ficou de bom permanece até hoje. O ruim se perdeu naquele momento.

A morte da minha irmã eu vivi mais de longe porque eu já tinha saído de casa. Achei até que Deus fosse curá-la. Esperei que Deus a curasse quando não houvesse mais o que fazer. Ela morreu no Senhor, o que me consola bastante. Eu fui um irmão muito implicante; poderia ter sido um irmão mais amoroso... queria ter tido mais tempo. Fui o doador de medula. Na semana da doação eu estava em um estado de nervos terrível. Ela morreu jovem e lutou muitos anos com o câncer.

Tem outra cena quando batizaram o filho do meu irmão... ela fez questão de ir, mas já tinha dificuldade para respirar. No dia do falecimento, ela internou. Foi a mão de Deus até para conseguir vaga no hospital. Fui junto com meu cunhado até onde ela morava para dar a notícia para minha mãe. Somente fui vê-la no dia seguinte, no sepultamento. Pena não ter sido um irmão melhor. Acho que ela carregava marcas comportamentais por minha causa. Mas meu cunhado disse que ela tinha uma admiração grande por mim.

Eu me lembro de várias implicâncias minhas com ela. Uma cena que me vem foi uma vez quando quebrei um ovo na cabeça dela. A gente estava brincando. Outra vez, quando eu deixei a escola militar e tinha que escolher uma turma, acabei escolhendo justo a sala dela. Ela chorou porque eu quis ficar na sala dela. Eu estava um ano atrasado e dizia que ela era feia. Mas ela era linda.

T: Qual dessas cenas você quer trabalhar?

A: A de quebrar o ovo na cabeça dela.

T: E quando você pensa nessa experiência difícil, o que você pensa a seu respeito que seja falso, negativo e irracional?

A: Sou mauzinho. Sou insensível.

T: E que emoções surgem para você quando pensa nisso tudo?

A: Um arrependimento grande; uma vontade de voltar e mudar esses momentos.

T: E em uma escala de zero a dez, onde dez é a máxima perturbação, quanta perturbação você sente agora quando pensa nisso tudo?

A: Sete. Queria voltar e fazer tudo diferente.

T: E aonde você sente isso no seu corpo?

A: Nos ombros; no coração.

T: OK, Armando, então pense nessa cena, nas palavras, *Sou mauzinho*, sinta isso no seu corpo e siga os movimentos.

[MBLs].

A: Vieram outras cenas onde eu dizia que ela era burra, mas ela era inteligente. Só tinha que estudar mais. Essa implicância era a minha forma de mostrar o meu amor. A gente não tinha muito como mostrar amor.

T: Armando, queria te dar uma oportunidade de conversar com sua irmã. Imagina que ela vem de onde ela estiver, e você tem a chance de falar o que faltou para ela. Que tal?

A: Vamos.

[MBLs]. [Armando chora enquanto faz essa série de movimentos.]

Fico bem confortado com a resposta dela. Ela sabia que era só coisa de garoto. Mas ainda assim não é bom.

[MBLs].

A: Fui dizer para o cara [Armando interno] que fica lamentando de não poder voltar, que não tem mesmo como voltar e que ela reconheceu que eram essas as circunstâncias. Fui falar com o Lamentador. Não tem como e ela sabia o sentimento que eu tinha e entendeu.

T: Então, quem sabe agora você pode imaginar o futuro onde você vai poder repor o que não houve.

[MBLs].

A: É reconfortante. Vou poder amar com transparência.

T: E agora quando você pensa nessa experiência, quanta perturbação você sente?

A: Zero.

A doença da minha irmã tinha prognóstico de cura alto. O tratamento era simples, mas depois vi que não era bem assim. Ela foi tratada por médicos particulares em hospitais excelentes. Houve uma vez em que eu a acompanhei na consulta. Um momento marcante foi entrar naquela ala dessas doenças, pessoas esperando, outras já em tratamento. Aquela espera foi angustiante; ver crianças com câncer, as mães sofrendo. Também foi difícil o dia que eu fui visitá-la depois do transplante.

T: Então pense nessas cenas do hospital.

[MBLs].

A: Vieram muitas coisas. O momento em que fizeram o exame e ficou claro que eu seria o doador. Tive uma sensação de ansiedade, um medo em relação ao procedimento, mas também uma satisfação de poder ajudar. Tinha plena convicção que Deus a curaria. Fiquei com um sentimento de responsabilidade quando estava fazendo a consulta, me preparando para o transplante.

T: E quando você pensa nisso, quanto lhe incomoda de zero a dez?

A: Três. Fiquei ouvindo as instruções durante a consulta e tomando os remédios. Tive que tomar uma injeção para aumentar a produção de células tronco.

[MBLs].

Eu tomei remédios e fiquei com dor de cabeça, uma ansiedade louca. Sentia que meu corpo tinha que estar perfeito. Eu ia ser o salvador dessa história. Também fiquei com muito medo de ter pânico de novo. Não dormi direito. Minha esposa veio para ficar comigo. Também uma professora de infância. Aliás, ela foi atrás de mim e me disse, *"Você não é responsável pela cura da sua irmã, viu?"*

[MBLs].

Agora veio mais um agradecimento a Deus por ter usado esse canal. Essa professora deve ter percebido minha angústia. Agora as cenas estão bem tranquilas.

T: E em uma escala de zero a dez, como está agora?

A: Zero.

Na semana do procedimento em si, com a infusão na minha irmã, fiz tudo que tinha que ter feito: tomei as injeções, uma alimentação mais regrada. Dava até para ter feito mais infusões. Guardaram o estimulador e tudo funcionou muito. Foi reconfortante saber que a minha parte eu cumpri com louvor. Pensei, *agora é a cura.*

T: E agora quando você pensa nessa experiência difícil, como está a perturbação?

A: Zero.

Me veio uma cena legal. Houve um momento em que ela quase não conseguia respirar, estava puxando fundo. Eu fui passar uma semana lá visitando, conversando com ela. Depois uma tia disse que ela falou que foi muito boa a minha visita; que não teve confusão. Disse, *"quando ele está aqui, a casa fica com outro astral".*

T: E quando você pensa nessas palavras positivas, *fiz o que pude*, em uma escala de um a sete, onde sete é completamente verdadeiro e um é falso, quão verdadeiro você sente que são essas palavras agora, pensando nessa experiência com sua irmã?

A: Sete. A minha sensação de arrependimento ficou bem ajustada. Sem perturbação. Estou em paz com isso tudo.

Fazendo as pazes com a nossa Galera Interna

Nessa sessão vimos como Armando ainda arrastava o sentimento de arrependimento muito comum quando se perde alguém dessa forma. Como ele foi o doador para o transplante da irmã é fácil fazer essa ligação de que *eu tenho que salvá-la*. As palavras da professora foram providenciais no sentido de fazê-lo entender que não era o responsável pela vida – ou a morte – da sua irmã.

Também observamos como Armando vem fazendo as pazes internamente com a situação do seu pai e como isso vem se consolidando cada vez mais. Era importante essa reconciliação porque lhe trouxe paz de espírito.

Entender que ele tinha feito o melhor que pôde em relação a sua irmã foi muito libertador. Passou o sentimento de culpa e de responsabilidade pela morte dela, de não ter feito o suficiente para salvá-la, algo parecido com o que sentiu com o pai, apesar de ser em outra dimensão. Ambas as mortes foram impactantes, de formas distintas, e precisavam encontrar um lugar apropriado no arquivo do passado.

Outro papel com o qual Armando se reconciliou foi consigo mesmo, de menino, quando foi para o internato. Todos nós temos uma "galera de gente" que mora lá dentro[8], diferentes papéis que atuam dentro de nós. Às vezes, até assumem o controle da nossa vida adulta, o que não é adequado. Neste caso, foi importante o Armando reconhecer o rapaz jovem que saiu de casa adolescente e poder avisá-lo que tudo deu certo. Esses papéis internos nem sempre sabem como foi que a

---

[8] Veja outro livro da autora com este nome, *Curando a Galera que Mora Lá Dentro*

história terminou e por meio destes diálogos internos é possível informá-los. Umas das tarefas terapêuticas importantes é a integração ou a reconciliação da galera interna de papéis. Esse jovem interno não sabia como foi que tinha terminado tudo isso e foi importante para o Armando poder dar essa informação a ele.

Finalmente, Armando também pôde reconhecer a importância do papel da mãe dele. A gratidão é uma emoção de muita saúde e sinaliza mudanças importantes dentro da pessoa. Armando conseguiu agradecer até ao pai pelos valores que este lhe passou.

Resolução

Terapeuta: E então, Armando, como você passou essa semana? A gente trabalhou umas coisas meio *punk* na última sessão...

Armando: Sim, trabalhamos muita coisa na semana passada, mas realmente sinto que *Eu fiz o que pude*. Deus me deu a benção de ter feito essa doação para minha irmã. Ela ganhou um tempo a mais.

T: Quando você pensa no que trabalhamos semana passada, quanta perturbação você sente agora?

A: Nenhuma. Sem perturbação.

Agora sinto que chegou a hora de trabalhar o que me trouxe aqui. Quando tenho que fazer alguma apresentação em público, me falta respiração, a voz tende a travar. Fico com medo do que vai acontecer, e aí que acontece mesmo. Sempre fui tímido. Sempre fui uma criança tranquila. Não dei muito trabalho. Eu ficava brincando com boneco de super-herói. Nunca fui o tipo hiperativo.

Vem mais uma tendência pela aprovação: falar a coisa certa, ter o pensamento mais inteligente. Eu trabalho em um ambiente em que as pessoas me admiram; é tranquilo, mas é onde tenho que demonstrar capacidade. Então aí que vem a ansiedade e o pânico.

T: E você tem uma cena clara dessa dificuldade?

A: Sim. Me lembro de uma audiência pública, aliás, duas audiências, em um auditório bem grande; estava cheio. Tinha muita gente importante ali. O meu chefe tinha que ir, mas na última hora aconteceu um imprevisto que ele teve que cuidar e eu tive que ir no lugar dele. Na hora de falar, eu fui por último para ver se o chefe chegaria ou não. Eu já tinha o texto pronto, dominava o assunto, mas quando chegava perto da minha vez de falar, pensava em travar, faltava o ar.

Chegou na minha vez de falar. O colega falou e depois eu complementei.

T: E quando você pensa nessa situação, o que você pensa a seu respeito que seja negativo?

A: Eu sou um frouxo.

T: E que emoções aparecem para você?

A: Medo, ansiedade.

T: E em uma escala de zero a dez, qual o nível de perturbação, quando você pensa nisso?

A: Sete.

T: E aonde você sente isso no seu corpo?

A: Gera ansiedade no estômago e pressiona o pulmão.
T: OK! Então pensa nessa experiência, pense nas palavras, *Eu sou um frouxo*, sente isso no seu corpo e segue os movimentos.

[MBLs].

A: Não consegui sentir a sensação. Lembrei de outros fatos que ocorreram também. Alguns anos atrás liguei para o *telemarketing* da companhia telefônica para fazer uma reclamação e faltou o ar. Também aconteceu quando tive que ligar para fazer encomenda no restaurante.

[MBLs].

A: Há fatos do passado, mas não consegui identificar. Em casa tinha muita cobrança. Meu pai exigia que eu fosse o melhor. E há também uma cobrança minha. Eu era um dos melhores alunos. Eu tenho que sobressair (e bem).

[MBLs].

A: Sempre fui muito crítico com os outros... pensando que os outros possam pensar o mesmo a meu respeito.

Outra situação: aconteceu em um campeonato em um internato quando eu era criança. Meu rendimento nunca era o que eu queria. Acabou que só me deixaram entrar no segundo tempo.

T: E quanta perturbação você sente quando você pensa nisso?

A: Sete. Penso que não rendi o que poderia.

[MBLs].

A: Na verdade, veio outro fato. Eu era muito bom de esporte, mas eu era muito magro. Acho que se eu tivesse tido uma dedicação maior, eu teria disputado até título nacional. Me incomoda não ter tido a dedicação.

[MBLs].

A: Tem uma cena, eu com 12 anos. Já estava no nível alto do meu esporte. Gostava mais de outros esportes, mas o treino era mais fácil para mim. Eu tinha um talento natural, mas eu não concluía o treino. Mesmo assim, eu ganhava todas as competições. No final, ganhei contra meu maior competidor. Dois anos depois ele era campeão estadual. Ele teve uma evolução grande.

[MBLs].

A: O mundo é competitivo. Achava um tédio o treino. E ainda pensando *não posso falhar, tenho que ser o bom; os outros vão me criticar.*

[MBLs].

A: Vieram alguns pensamentos assim: eu tive um período de "vagabundo". Tinha acabado de me formar. Tinha uma renda de apartamento alugado. Os que estudaram comigo na faculdade e que me elogiaram tanto, começaram a estudar bastante e foram passando em concursos bons. Eu estava estudando "meia-boca" para concurso e não passava. Levei as coisas assim por um tempo. Teve gente que ficou só estudando vários anos, com os pais bancando, mas tinha que ter mais dedicação.

No final das contas, a vida deu a volta, reencontrei com a moça que hoje é minha esposa, ingressei na vida privada. Depois fiquei desempregado de novo por uma questão política, e, aí sim, estudei para valer. Perdi o emprego sendo o melhor gerente da companhia naquele momento. Aí apareceram os concursos, que era o que eu sempre quis.

T: Nosso tempo está terminando. Como você está agora?

A: Estou bem... muitas coisas para pensar...

Oitava sessão

Estou bem. Estou bem mais tranquilo nos meus eventos. Dá mais confiança para enfrentar essas situações do trabalho.

T: E agora quando você pensa nas coisas que trabalhamos na última sessão, quanto lhe incomodam agora?

A: Agora está três. No final, acabou dando tudo certo. Me incomoda ter travado naquele momento. Está no passado, mas ficou a cobrança.

T: E o que você gostaria de pensar sobre si mesmo agora que fosse positivo?

A: Eu posso errar.

T: Em uma escala de um a sete onde sete é completamente verdadeiro, quão verdadeiro você sente que são essas palavras agora quando você pensa naquilo?

A: Dois. Eu não posso errar. Tenho que ser perfeito.

T: Quando você pensa nessas palavras negativas, que emoções aparecem para você?

A: Angústia.

T: E em uma escala de zero a dez?

A: Três.

T: E aonde você sente isso no seu corpo?

A: No estômago.

T: Então volte a pensar naquela cena da semana passada, pense nas palavras, *Eu tenho que ser perfeito*, sente isso no seu corpo, e siga os movimentos.

[MBLs].

A: Me lembrei de duas situações. Uma aconteceu agora no sábado passado. Estava em um lugar cheio de gente importante. Gerou ansiedade no início. Tive até uma fala elogiada, mas o microfone incomodava muito.
No final foi bem tranquilo e deu uma transformada. Já deu para notar. Em um ambiente posterior, a conduta foi outra. Gerou confiança.

E ontem tive uma reunião em um lugar super importante. Eu estava bem à vontade. Era com microfone também. Senti que se me desse o microfone eu iria me desenvolver bem. Vi como consigo juntar bem as ideias.

Mas isso de travar ou falhar que é complicado.

[MBLs].

A: Sabe de uma coisa? Pode travar, pode falhar, pode ocorrer. A solução é respirar, e pedir para falar depois, de forma que eu possa utilizar bem esse dom.

T: Volte a pensar nessa cena inicial que te dava essa adrenalina.

A: Normalmente começo cumprimentando todo mundo.

[MBLs].

A: Já estou vencendo. Já está passando.

T: Quem sabe dá para ver isso como um aquecimento?

A: Sim.

[MBLs].

T: E ver o microfone como teu amigo? Afinal, é o microfone que permite que você possa expressar as ideias bem formuladas que você tem.

[MBLs].

A: O microfone é um instrumento que me ajuda a desenvolver o talento que Deus me deu. Não é negativo. É um auxílio.

T: Isso. Agora quando você pensa nas palavras, *eu posso usar o microfone tranquilamente*, em uma escala de um a sete onde sete é completamente verdadeiro, quão verdadeiro você sente que são essas palavras agora?

A: Seis.

[MBLs].

A: Agora é sete.

T: Sete poderoso?

A: Sim.

T: Vamos checar algo? Quando você pensa de novo em ficar travado, nas palavras, *Posso travar*, quanta perturbação você sente de zero a dez?

A: Zero. Eu posso travar e tudo bem.

[MBLs].

A: Ficou bem assentado.

T: E agora, quando você pensa na próxima vez que você vai ter que enfrentar essas situações onde você tem que falar em público, como é que fica?

A: Vai ser sucesso total!

[MBLs].

A: Tranquilo.

T: Agora imagina se tiver alguma dificuldade.

[MBLs].

A: Se acontecer algo, faz parte da vida. Eu vou dar meu jeito. As coisas vão se ajustar.

T: E se te der um branco?

A: Vou explicar e começar de novo.

T: E agora quando você pensa nisso tudo e na ansiedade, quanta perturbação você sente?

A: Zero. Domingo eu vou ter que dar uma entrevista em uma rádio local. Aí vai ser a prova.

T: Então imagina você fazendo essa apresentação.

[MBLs].

A: Como é um ambiente que foge do normal, por ser rádio, me dá mais frio na barriga. Vou bem embasado, mas me dá algo no estômago.

[MBLs].

T: E agora?

A: Um.

[MBLs].

A: Agora zerou. Vai dá para fazer tranquilo. Já me vejo fazendo sem estresse.

Nona Sessão

Armando: Estou muito bem. Eu acho até que estou de alta. Passei por situações de microfone e não me influenciou em nada. Fiz tranquilo. Fui lá na rádio; falei na hora. Fiz a apresentação sem nenhum constrangimento ou ansiedade.

Terapeuta: Então vamos avaliar os teus alvos? Quando você veio fizemos um plano de tratamento e enumeramos umas quantas coisas que deveríamos trabalhar. Vamos revisar e ver como estão agora?

A: Vamos, sim.

T: Uma das tuas metas era "ser mais descolado". Quando você pensa nisso agora, em uma escala de zero a dez, onde dez é completamente resolvido e zero é nada resolvido, quão resolvido você sente que isso está agora?

A: Dez. Acho que consegui tirar o peso da ansiedade, o receio, o medo; já não estou agindo mais dessa forma. Já dá para fazer isso corriqueiramente, fazer com mais naturalidade.

T: Outro tema foi o fato que você nasceu em um lar alcoólico e todas essas complicações. Nessa mesma escala, como é que está agora?

A: Também está dez, bem resolvido.

T: E o suicídio do seu pai?

A: Dez. Sabe, foi legal trabalhar isso. Nunca tinha trabalhado isso. Houve uma época em que eu cultivava aquela tristeza, aquilo de ser o sofrido. Foi muito bom trabalhar isso. Resolveu completamente. Até aquela culpa na hora que ele saiu... ver que foi mesmo premeditado e que não tinha mesmo como ajudá-lo. Com quinze anos não daria para fazer nada. Eu fui o filho que deveria ser.

T: E a morte da irmã?

A: É, fui eu que doei. Pensei muito tempo: como a medula não funcionou? Eu fui um irmão muito implicante. Ficamos companheiros depois de velhos e eu perdi essa oportunidade. Lido bem com isso agora.
T: E na escala de zero a dez, quão resolvido você sente que está isso?

A: Eu ainda sinto falta dela. Gostaria de ter vivido mais momentos com ela, mas está bem resolvido. Ficou um sentimento de saudade: queria ter tido mais momentos com ela, mas no Céu vai resolver. Daria uma nota nove, pela saudade.

T: Outro tema foi a ideia que você tem que ser perfeito.

A: Eu acho que isso vale como norte, mas não ser uma coisa tão rígida. Ficou uma brecha onde pode ocorrer uma falha, um esquecimento. Não tem como fugir: fatalmente vou falar coisa errada e tudo bem. Nota 10 para isso.

T: E a fobia na faculdade, os ataques de pânico?

A: Eu tinha mesmo muita fobia na faculdade, pânico. Uma noite fui com os amigos na boate e tive que voltar para casa. Eram assim, essas situações que me ocorriam. Eu saía sozinho, qualquer problema eu tinha que sair, voltar, mas no caminho de casa eu ficava bom.

T: E que nota você daria?

A: Foi um momento difícil. A gente não sabia o que era; hoje já se sabe. Na época eu não sabia o que era, mas a vida muda. Não tenho mais problema com isso. Nota dez: totalmente resolvido.

Achei muito legal todo este processo terapêutico... parece mágica. A gente acha que aquilo não vai resolver, e resolve. Não é só o trabalho aqui, mas durante a semana também parece que as coisas vão se resolvendo. Depois daquela primeira sessão, eu tive uns dias para baixo. Na segunda, tive um dia, mas dali pra frente foi tranquilo. Este trabalho é realizado no desenrolar do tempo. Aqui dá um *start* e o processo continua, mas inicialmente parece mágica. É difícil de acreditar; só mesmo vendo o resultado, só experimentando. A terapia se deu de uma forma muita organizada, com uma empatia grande. Isso ajuda muito.

T: Muito bacana mesmo tudo isso, Armando. Tem sido emocionante ver as resoluções que você tem alcançado. Ainda temos um tempinho na nossa sessão e pensei que poderíamos aproveitar para fazer algo positivo como parte da sua despedida?

A: Vamos lá.

T: Queria que você pensasse nas experiências boas da sua infância. Este exercício chama Pilares da Vida, e a gente vai resgatando aquelas coisas boas que chamamos de pilares porque são as coisas sobre as quais vamos construindo nossas vidas. Então, volte atrás e pense na sua infância e veja uma dessas lembranças boas, quem sabe a primeira que você lembra.

A: Lembro de presentes que ganhei, alguns brinquedos, lembranças legais de aniversário. Minha mãe que preparava tudo, montava os *kits*. O bolo era sempre com desenho, e nós ajudávamos.

Houve um aniversário meu onde o bolo era um barco de piratas. Começou a derreter e teve que ficar na frente do ar condicionado até a hora da festa. Era legal.

T: E quando você pensa nessa experiência, o que você pensa sobre si mesmo agora que seja positivo?

A: Eu posso ajudar, ou melhor, eu sou amado.

T: E que emoções positivas surgem ao pensar sobre isso e pensar nessas palavras positivas?

A: Amor, carinho, alegria.

T: E aonde você sente isso no seu corpo?

A: No peito.

T: Então pense nisso tudo e siga meus movimentos. [Terapeuta faz poucos movimentos bilaterais lentos.]

A: Muito bom.

A: Me faz lembrar do meu time de futebol. Eu montava os *kits* para o aniversário. Tinha um painel para montar. Acho que tenho uma foto no meu quadro de fotos deste dia. Foi muito legal. Nesta festa, as pessoas foram vestidas do seu time. Eu e meu pai fomos com a camisa do nosso time e jogamos bola dentro de casa. Foi muita alegria euforia, entusiasmo.

T: Você falou de várias lembranças. Qual seria outra?

A: Saíamos para jantar fora todo sábado à noite. Me lembro de um lugar que íamos com frequência. Eram dois lugares em que íamos: um ficou mais regular porque era mais perto. Eu adorava canelone de bolonhesa. Estes restaurantes ainda existem. Quando volto à minha cidade, eu ainda como lá e peço canelone à bolonhesa. Apesar de que isso acontecia em dias em que meu pai estava bebendo, mas aquele momento era legal.

T: Então pense nisso tudo e siga meus movimentos. [Terapeuta faz poucos movimentos bilaterais lentos.]

A: Veio a consolidação daquele sentimento de família, todo mundo sentado à mesa, comendo no mesmo horário. Este jantar de sábado era bem legal, todos juntos.

Me veio outra lembrança: eu e minha irmã contando postes, deitados no banco de trás. Era muito legal. Meus outros irmãos não eram nem nascidos ainda. Muito boa lembrança, justo com essa irmã que faleceu depois. Essa lembrança é muito legal. Depois de tantos postes acontecia alguma coisa. Sabe, eu era o irmão que eu queria ter sido. Na adolescência é que mudou, mas neste momento, quando a gente era criança, eu era o irmão que eu queria ter sido. A bebida do meu pai não atrapalhava em nada.

T: Então pense nisso tudo e siga meus movimentos. [Terapeuta faz poucos movimentos bilaterais lentos.]

A: Lembro de outra cena. Eu queria um Autorama e um Falcon. Esse Falcon era caro e meu pai era pão duro. O salário da minha mãe não era grande coisa. Era um brinquedo caro. Minha mãe me levou em uma loja e fez um crediário, pagava o carnê, não sei em quantas vezes, e comprou o autorama.

O Falcon nem foram eles que me deram. Era importado. Um amigo do meu pai foi quem me deu. Eles chegaram com o Falcon que eu queria muito. O Falcon era um soldado que eu gostava muito.

Do Autorama eu lembro até da cena... entrando na loja. A caixa era pesada. As primeiras vezes, não sabia como lidar com o acelerador.

Em relação ao Falcon é um pouco diferente, porque foi surpreendente. Veio de outras pessoas; foi uma surpresa. Eu estava querendo há muito tempo e veio de um lugar que eu não esperava.

T: E quando você pensa nesses presentes o que você pensa a seu respeito que seja positivo?

A: Penso no amor, na lealdade, o companheirismo, na família. Nós, os irmãos, dormíamos no mesmo quarto até um=== certo tempo. Fiz do Autorama um circuito oval. Lembro até hoje.

T: Então pense nisso tudo e siga meus movimentos. [Terapeuta faz poucos movimentos bilaterais lentos.]

T: Pois, Armando, queria lhe dizer o tanto que tem sido bacana trabalhar com você, ver seu progresso, como você venceu tantas coisas difíceis. Quero lhe parabenizar por um trabalho terapêutico bonito, significativo e frutífero. Aliás, foi tão bonito que queria pedir sua permissão para escrever o caso.

A: Sim, sem problema. Se isso puder ajudar outras pessoas, autorizo sim.

T: Beleza. Armando, terapia é que nem ir ao médico. A gente resolveu um monte de coisa importante que estava lhe atrapalhando. Agora você já sabe como a terapia funciona e sabemos que você tem uma boa resposta para este tratamento. Eu tenho aqui o seu prontuário, então se surgir algum problema ou dificuldade, volte aqui e a gente faz algumas sessões e resolve, ok?

A: Combinado. E muito obrigado por tudo.

Finalizando

Aqui nos despedimos de Armando e de sua história. Alguns comentários finais.

Desenvolvi essa "escala de alta" justamente para avaliar a evolução do plano de tratamento. Isso nos ajuda a ver se o paciente está pronto para se desligar da terapia, apesar de que o cliente sempre pode deixar a terapia em qualquer momento. Mas também é útil para o próprio paciente poder enxergar o seu progresso. Nesse caso, o próprio Armando pôde expressar como estava pronto para deixar a terapia, já que tinha alcançado os alvos iniciais propostos no plano de tratamento.

Com alvos e objetivos claros, fica bem mais fácil tomar a decisão em relação à continuação ou não da terapia. Também ajuda a estruturar o processo psicoterapêutico, já que o plano de tratamento vai norteando o desenrolar do processo.

Neste sentido, podemos demonstrar como a terapia EMDR oferece um novo paradigma de atendimento. É uma forma diferente de se fazer psicoterapia, visto que utiliza os movimentos bilaterais como parte da resolução das dificuldades dos pacientes. Por outro lado, apresenta alvos claros, um plano a ser desenvolvido, resultados concretos e uma cientificidade inegável.

Esperamos que este estudo de caso possa ilustrar como podemos organizar com clareza o desenvolvimento psicoterapêutico, mas que possa, de forma especial, demonstrar como a Terapia EMDR pode ajudar as pessoas a alcançarem uma resolução as rupturas do seu passado. Como consequência dessas reparações, é possível viver um presente mais funcional e propor um futuro com mais qualidade de vida, com escolhas de vida mais adaptativas, uma vida de reconciliação com vínculos cheios de satisfação. É nosso desejo para a sua vida também.

Sobre a TraumaClinic do Brasil

A **TraumaClinic do Brasil** abriu suas portas em março de 2014, inicialmente como uma extensão do trabalho psicoterapêutico de Esly Regina Souza de Carvalho, Ph.D. Vendo a necessidade de atender um crescente número de pessoas que sofrem com dificuldades ligadas a traumas, ansiedade e depressão, procurou-se uma maior esfera de atendimento ao convidar colegas treinadas por ela a comporem a equipe de colaboração. Utilizando as novas abordagens científicas de reprocessamento de lembranças difíceis e traumáticas, a equipe procura atender pessoas que lidam com dificuldades que impedem o seu desenvolvimento cotidiano.

Nossa missão é ajudar as pessoas a vencerem os desafios da vida.

Nossa visão: oferecer tratamento psicoterapêutico de alta qualidade, ético e compassivo para as pessoas que sofrem ao enfrentar os desafios da vida.

Nossos valores: somos regidos pelos milenares valores de integridade, honestidade, transparência e compaixão não discriminatória pelo próximo.

Padrão de qualidade

A recuperação dos nossos clientes é nossa maior prioridade. Em um esforço de manter o mais alto padrão de qualidade, a **TraumaClinic do Brasil** procura compor sua equipe de atendimento com profissionais que possuem habilidades comprovadas e um histórico de competência. Procuramos pessoas que trabalhem com integridade, possuam postura ética, terminam o que começam, fazem o que dizem e andam a segunda milha para ajudar os seus clientes.

Reconhecendo que nossos clientes chegam à clínica com feridas emocionais sérias e que passaram por experiências dolorosas, nossos programas e abordagens de tratamento foram desenhados levando em consideração que cada pessoa é única e singular. Os profissionais da **TraumaClinic** estão em constante estudo e aprimoramento para poderem oferecer serviços de excelência e compaixão.

Formatos de Atendimento:
Oferecemos vários formatos de terapia: semanal, quinzenal e *intensivos de um ou dois dias*, para as pessoas que desejam vir de outros lugares do país ou do exterior, ou que gostariam de ter uma experiência de resolução mais rápida. Também oferecemos terapia em inglês, espanhol e francês.

Maiores informações: +55 61 3242 5826 em Brasília - DF

www.traumaclinic.com.br

Inscreva-se no nosso canal no YouTube: TraumaClinic do Brasil. Conheça mais sobre a Terapia EMDR no canal do YouTube: EMDRBrasil onde há também sessões completas em vídeo.

Mais Livros da TraumaClinic Edições

Leia mais sobre nossos livros em nosso site
www.traumaclinicedicoes.com.br

Oferecemos desconto para aquisição em quantidade para livros impressos

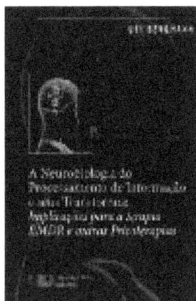

**A Neurobiologia do
Processamento de
Informação e seus
Transtornos**
Uri Bergmann, Ph.D.

A Revolução EMDR
Tal Croitoru

Brainspotting
David Grand, Ph.D.

**Cura Emocional em
Velocidade Máxima**
David Grand, Ph.D.

**Curando A Galera
Que Mora Lá Dentro**
Esly Carvalho, Ph.D.

**Cure Seu Cérebro,
Cure Seu Corpo**
Esly Carvalho, Ph.D.

**Definindo e
Redefinindo EMDR**
David Grand, Ph.D.

**Deixando O Seu
Passado no Passado**
Francine Shapiro, Ph.D.

Dia Ruim... Vá Embora
Ana Gómez

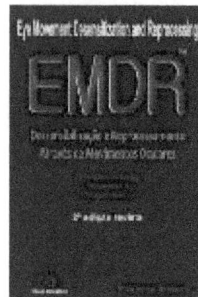

**EMDR: Princípios
Básicos, Protocolos e
Procedimentos**
Francine Shapiro, Ph.D.

EMDR e Terapia Familiar
Francine Shapiro, Ph.D.

O Cérebro no Esporte
David Grand, Ph.D.

O Gêmeo Solitário
Peter Bourquin e
Carmen Cortés

O Mensageiro EMDR
Tal Croitoru

Resolva Seu Passado
Esly Carvalho, Ph.D.

Ruptura e Reparação
Esly Carvalho, Ph.D.

Saindo Dessa
Esly Carvalho, Ph.D.

**Terapia EMDR e
Abordagens Auxiliares
com Crianças**
Ana Gómez

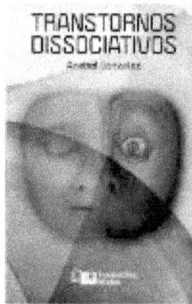

Transtornos Dissociativos
Anabel Gonzalez

Trauma e Pós-Parto
Jay Noricks, Ph.D.

Casal em Foco
Silvana Ricci Salomoni

Para conhecer mais o material da TraumaClinic Edições visite nosso site: www.traumaclinicedicoes.com.br

Para receber mais notícias e aviso de promoções do nosso material, inscreva-se aqui: http://bit.ly/2wEzW2j

www.ingramcontent.com/pod-product-compliance
Lightning Source LLC
Chambersburg PA
CBHW021337290326
41933CB00038B/895